나와 다카시 지음 최 규 호 옮김

이나모리와 나가모리의 MM 경영

일본경영의 새물결

K-books

이나모리와 나가모리의 MM 경영

일본경영의 새물결

나와 다카시(名和高司) 지음
최규호 옮김

이나모리와 나가모리의 MM 경영
일본경영의 새물결

저자 나와 다카시(名和高司)
역자 최규호
펴낸이 한헌주
펴낸곳 도서출판 **K-books**
등록 1995년 11월 9일 제300-1995-138호
주소 서울특별시 서대문구 독립문로 21-9
전화 02)738-7035(대표)
팩스 02)722-4678
이메일 kmsp@korea.com
홈페이지 http://www.kmsp.co.kr
초판인쇄 2024년 9월 25일
초판발행 2024년 9월 30일

값 15,000원
ISBN 978-89-420-0041-8 03320

머리말

"현재 일본을 대표하는 경영자는 누구인가?"라는 질문을 받게 되면 당신은 누구를 떠올릴 것인가? 아마도 맨 먼저 생각나는 이가 이나모리 가즈오 씨일 것이다.

교세라를 창업했으며 KDDI를 초우량 기업으로 키웠으며 일본항공(JAL)을 파산으로부터 살려낸 그의 경영 수완은 보존가치에 있어서 가히 세계문화유산 급이라 하겠다. 또한 이나모리의 경영철학은 중국을 비롯해 세계각지에 신봉자가 적지 않다. 과거의 마쓰시타 고노스케 씨와 마찬가지로 현대판 '경영의 신'이란 칭호에도 전혀 손색이 없다.

그럼 그 다음으로 언급되는 이는 누구일까? Nidec(전 일본전산)의 나가모리 시게노부, 유니클로의 야나이 다다시, 소프트뱅크의 손 마사요시 이들 3명이 아마도 뒤를 이을 듯싶다. 이들은 당대에 10배의 성장을 이루어낸 걸출한 경영자들이다.

이들 중 손 씨는 경영자라기보다 희대의 투자자로 불리는 것이 적절해 보이기도 한 점을 고려하면 나가모리 씨와 야나이 씨가 유력 후보가 될 듯싶다. 이들은 기존의 상식과 타협하지 않는 점에서도 유별난 경영자로 평가되고 있다. 또한 경영실적과 지속가능성을 주요 평가기준으로 삼는 하버드 비즈니스 리뷰가 선정하는 세계 CEO TOP 100의 단골 일본인 경영자들이기도하다.

본서는 이나모리 가즈오 씨와 나가모리 시게노부 씨를 분석대상으로 삼고 있다. 두 사람의 공통점은 교토일대를 지역기반으로 삼아 활발한 글로벌 비즈니스를 펼치고 있다는 점, B2B 기업으로서 글로벌 시장에서 점유율 No.1을 기록하는 다수의 사업을 지니고 있다는 점, 또한 미래사업을 대비해 꾸준하게 관련 사업으로 다각화를 진행해 왔다는 점 등이다.

게다가 두 사람은 모두 자신의 신념을 언어화하는 데 있어 발군의 실력을 보여주고 있다. 그저 교과서처럼 정리하는 수준을 넘어 자신들만의 언어로 생생하게 표현함으로써 독자들의 마음을 뒤흔들어 놓곤 한다. 이는 마쓰시타 고노스케, 스티브 잡스, 야나이 다다시 등과 함께 동서고금을 막론하고 위대한 경영자들에게서 찾아볼 수 있는 공통의 재능일 것이다.

이나모리와 나가모리 또한 그들 특유의 경영철학과 경영론을 내세우고 있다. 이나모리의 Philosophy(철학)와 아메바경영, 나가모리의 3대 정신과 3대 경영수법에 관해서는 장을 달리해 상세히 언급할 것이지만 이들 내용을 들여다보면 볼수록 두 경영 모델의 본질이 흡사하다는 점에 놀라움을 금치 못한다. 본서에서는 이들 두 모델을

'모리모리(이하 MM) 경영'으로 부르도록 하자.

MM 경영은 이하 3가지 점에서 공통점을 지니고 있다.

첫째 입지(立志)에서 출발하고 있다. 이나모리는 이를 대의(大義)로, 나가모리는 Dream(꿈)으로 부른다. 이 같은 입지에 바탕을 둔 경영을 필자는 '지본(志本) 경영'이라 부르고 있다.

둘째 30년 혹은 50년 후라는 장기목표를 설정함과 동시에 단기적 성과와 결과에도 집착한다. 필자는 이를 '원근복안(遠近複眼) 경영'이라 칭한다.

셋째 사람들의 마음에 불을 지피고 있다는 점이다. 이나모리는 인간의 능력을 미래진행형으로 간주하고 있으며 나가모리는 IQ보다 EQ가 중요하다고 말한다. 게다가 두 사람이 이구동성으로 강조하는 점은 정열, 열의, 집념의 힘이다. 필자는 이를 '학습우위의 경영'이라고 부른다.

이들 3요소로 구성되는 경영모델을 본서는 'MORI' 모델로 정의하고자 한다. M(Mindful 뜻을 소중하게), OR(Objective-driven & Results-oriented 목표와 결과의 중시), I(Inspire 격려)의 약칭이다.

MM 경영은 코로나 이후의 새로운 세계를 열어갈 경영이기도 하다. 목하 세상은 SDGs(Sustainable Development Goals)선풍이 거세게 불고 있다. SDGs는 지속가능한 사회를 향해 국제연합(UN)의 지원을 받는 어젠더로 내용은 그럴 듯한 언어들로 충만하다. 하지만 이는 어디까지나 2030년을 향한 목표치에 불과하다. 게다가 제대로 준비하지 않고 착수하게 되면 추가적 비용과 투자가 요구되는 탓에 기업의 이윤을 잠식하는 면도 있다. 이래서야 코로나로 인한 경제 타격에다 자사의 지속 가능성조차 염려스러운 구석이 적지 않다.

필자는 2050년을 염두에 둔 신SDGs를 주창하고자 한다. 물론 여기서도 S는 지속성이지만 지금의 SDGs가 제안하고 있는 17장의 카드에 이은 18번째 카드로서 기업들이 각자의 의견을 반영한 대안을 제시하고자 한다.

D는 디지털이다. 디지털 트랜스포메이션(DX)이 붐을 이루고 있지만 디지털은 어디까지나 수단에 불과하다. 중요한 것은 어떻게 트랜스포메이션 즉 디지털을 구사해 변혁을 이루어 낼 것인가에 있다.

G는 글로벌즈이다. 코로나 확산과 미중마찰 등이 세계를 분단시키고 있고 다극화된 현 상황에서 세계를 다시금 결합해 가지 않으면 안 된다.

새로운 SDGs의 관점에서 볼 때 MM 경영은 매우 선진적 모델이다. 교세라도 Nidec도 창업 이래 그린혁명과 디지털혁명의 최전선에서 왔고 이제 없어서는 안 될 존재가 되었다. 특히 중국을 하나의 극으로 삼아 세계를 잇는 역할을 도맡아 왔다. 신 SDGs의 심장부에 위치하는 것이 바로 입지(立志, purpose)이며 이는 MM 경영의 원점이다. MM 경영이 21세기형 경영의 이상향을 제시하고 있다고 하겠다.

본서는 2부로 구성되어 있다. 1부에서는 두 주인공의 프로필과 리더십 스타일의 특징과 공통점을 모색한다. 2부에서는 이나모리 경영과 나가모리 경영의 본질에 대해 파고들고자 한다. 이를 통해 양자의 공통점을 앞서 언급한 MORI 모델에 따라 검증 후 MM 경영이 지향하는 미래의 모습을 '신 SDGs'의 프레임워크을 통해 논하고자 한다.

아울러 본서에서는 필자가 존경해 마지않는 다수의 경영자가 등장하는데 지면 관계상 경칭을 생략하는 점 양해 바란다.

코로나 이후 세계는 지속가능한 사회를 향해 새로운 패러다임을 추구하고 있다. 이나모리의 '이타심', 나가모리의 '사람을 움직이는 경영'은 향후 미래를 열어가는 유력한 비즈니스 모델이 될 수 있을 것인가?

이나모리와 나가모리가 제시한 '지본 경영'의 본질이 세계를 향해 발신 가능하다면 새로운 일상(New Normal)의 문턱을 기업들도 비로소 열어갈 수 있을 것이다. 한사람이라도 많은 독자들이 이 같은 가능성을 인식하고 이상을 높이 치켜세워 실천해 나아갈 것을 기대해본다.

2021년 9월 교토 아라시야마에서

나와 다카시

제1부 두 사람의 리더

제2부 MM 경영의 실체

제1부

두 사람의 리더

제1장 리더의 조건

교토발 세계기업

일본의 옛 수도이자 신사불각의 거리로 유명한 교토는 코로나19가 한창이었던 2020년 가을, 미국 여행 잡지 『Conde Nast Traveler』의 독자 앙케이트에서 세계에서 최고로 매력 있는 도시에 선정되었다.

하지만 교토가 일본을 대표하는 다수의 기업들을 배출하고 있다는 사실은 그다지 알려진 바 없다. 교토에서 출발한 세계적 기업을 나열해 보자면 교세라, Nidec(구 일본전산), 무라타, 닌텐도, 오므론, 롬, 시마즈, 호리바, 와코루 등이 있다. 일본의 중부지역이 자동차 메이커를 필두로 한 거대 기업군들에 의해 동시다발적으로 발전해 온 반면 교토는 제 각각의 기업들이 서로서로 제 나름대로의 모습으로 성장해 왔다. 그 이유는 무엇일까?

호리바 제작소의 호리바 회장이 집필한 『교토의 기업은 왜 독창적이며 업적이 좋을까』(2011년)라는 책자가 참고가 될 것 같다. 교토의 독창성은 무로마치[1] 시대부터 면면히 이어온 장인문화의 네 가지 특성을 근간으로 삼고 있다.

1. 남의 흉내를 내지 않는다
2. 보이지 않는 것들을 중시한다
3. 사업을 대를 이어 계승하려는 생각
4. 순환과 밸런스(조화)를 중시하는 생각

공존이론으로 정평이 있는 생태학자 이마니시가 주장하는 교토의 풍토와 일맥상통하는 이야기가 아닐 수 없다. 일본이 이른바 잃어버린 30년 속에서 방황하던 중에도 이들 교토 기업들은 제 각각의 독자적 성장과 진화를 거듭해 왔다. 미국식 자본주의의 폐해로부터 일정 거리를 두면서 지속적 성장을 실현해 온 우량 교토 기업들의 사례는 우리들이 향후 목표로 삼을 만한 차세대 경영의 나아갈 바를 제시하고 있다.

교토 기업들을 외형으로 보면 2020년 말 시점에서 연간매출규모가 2조 엔에 육박하는 Nidec, 교세라, 무라타가 교토 Top 3인방으로 불린다. 아울러 본사빌딩의 높이 순위에 있어서도 이들 3사가 나란히 Top 3를 차지하고 있다. 참고로 역사적 경관보호를 이유로 교토시는

1) 교토무로마치에 막부가 설치 · 운영되던 1338년에서 1573년까지

건물의 고도를 규제하고 있는데 이들 교토남부의 공단지대에 위치한 3사의 사옥은 예외에 해당된다.

어쨌든 이들은 모두 B2B 기업이므로 닌텐도나 와코루 등과 비교하자면 회사의 일반적 인지도는 그리 높지 않은 편이지만 애플이나 삼성전자 등 하이테크 기업들 사이에서는 나름의 유명세를 지니고 있다. 특히 교세라와 Nidec은 기업자체만이 아니라 창업자인 이나모리 가즈오(稲盛和夫 이하 이나모리)와 나가모리 시게노부(永守重信 이하 나가모리)의 언행 또한 세계적으로 주목을 받아왔다. 이들 두 창업자는 교토뿐만 아니라 현재 일본을 대표하는 경영자이며 바로 본서의 주인공이기도 하다.

불역(不易)을 확고히 지키는 두 경영자의 공통점

이나모리에 대해서는 새삼 소개할 일도 아닌 듯싶다. 교세라, KDDI의 창업자이며 일본항공(JAL)의 기업회생 실화에 있어서도 주역이자 전설의 경영자이다. 또한 기업경영을 넘어 경영철학과 인생철학에 있어서도 널리 알려져 있다.

경영의 신이란 표현에 걸맞게 베스트셀러인 『살아가는 법』, 『일하는 법』, 『마음』 등 서적이 42권, 공저를 포함하면 60권을 상회한다. 또한 1983년 이나모리를 추앙하는 중견 및 중소기업의 젊은 경영자들이 세이와쥬쿠(盛和塾)라는 학습모임을 발족한 이래 2019년 해산하기까지 세계 각지에서 100개 이상의 모임을 유지하면서 생도 수는 만 오천 명에 달했다.

그의 사상은 중국에서도 많은 이들의 공감을 불러 일으켰는데 중국어로 번역된 서적은 2020년 말 기준으로 누적 발행부수가 2000만 부를 돌파했다. 중국의 세이와쥬쿠는 37개소로 생도 수는 7천 명 남짓이었는데 이들은 쥬쿠의 해산선언 이후로도 활동을 이어오고 있다고 한다. 알리바바의 창업자 마윈, 화웨이 창업자겸 CEO인 런정페이 등도 이나모리의 철학에 심취하고 있다고 전한다. 마쓰시타 고노스케와 함께 중국의 경영자들이 가장 존경하는 일본인이다.

한편 나가모리는 현재 카리스마 경영자로 그 명성이 자자하다. 1973년 창업한 Nidec(구 일본전산)은 과거 50년간 일본 내 최고의 성장을 실현한 기업이다. 게다가 압권이라 할 것은 60건을 넘는 국내외 인수합병(M&A)을 모두 성공시킨 점이다. 특히 죽어가는 기업의 인원감축을 일절 하지 않고 단기간 내 회생시키는 수완은 가히 나가모리 마술이라 불릴 만하다.

창업 직후의 오일쇼크, 버블붕괴, 리만사태, 타이 대홍수와 동일본 대지진 그리고 이번의 코로나 사태 등 위기에 직면할 때마다 놀라운 성장을 거듭해 왔다. 그 때마다 변모하는 자사의 대변신을 놓고 "스스로 탈피하지 않는 뱀은 죽고 만다."는 니체의 명언을 즐겨 인용하곤 한다.

나가모리도 『인간을 움직이는 사람이 되라』(1998)를 비롯해 『정열·열의·집념의 경영』(2005) 등 베스트셀러를 출간했다. 또한 세계경영자회의를 필두로 각종 모임에서 나가모리 특유의 언변을 펼치고 있다. '1등 이외엔 꼴찌', '죽기 살기로 하라' 등 때론 스파르타식 발언으로 오해받는 일도 있지만 시류에 편승하지 않는 그만의 화법은 대다수 기업인들의 마음을 사로잡는다.

이나모리와 나가모리에게는 다수의 공통점이 존재한다. 우선 제각각 일관성 있는 확고한 철학을 지니고 있는 점이다. 이 같은 철학은 경영론을 넘어서 일반 인생론에까지 미치고 있으며 이후 본서를 통해 충실하게 소개하고자 한다.

두 분의 대단함은 스스로의 철학을 자사의 사원뿐만 아니라 일반인들에게 널리 발신하고 있다는 점이다. 사람의 마음을 사로잡는 전파력은 철학을 넘어서 일종의 종교에 비견될 만한 힘을 지니고 있다고 하겠다.

이나모리는 나를 믿어주는 이들이 늘어나면 동시에 수입도 자연스레 늘어난다고 말하고 있다. 돈을 번다는 儲는 일본식 한자로 믿을 신(信)과 놈 자(者)로 구성되어 있다. 사원들이 신자가 되고 이어서 고객이 신자가 되고 사회에서 이들 신자가 늘어나면 그야말로 돈벌이에도 이어지기 마련인 것이다. 옛날 교토 옆 오미 지방의 상인들이

즐겨 쓰던 삼자행복(三方よし)과도 일맥상통하는 사업의 철칙이다.[2)]

서구식 경영모델이나 때때로 유행하는 경영수법에 부화뇌동하는 경영자가 적지 않다. 조금 전이라면 DX, 거버넌스 개혁이, 최근이라면 양손잡이 경영, 그린혁명 등 외래어 위주의 신종용어가 팬데믹(pandemic) 현상을 일으키며 세계를 석권하고 있다. 이 같은 글로벌 스탠더드 류의 병마가 과거 30년간 일본기업의 경쟁력을 와해시켜 왔다(이와 관련해서는 졸저 『경영개혁 대전 - 기업을 망치는 100개의 오해』를 참조하기 바란다).

이나모리와 나가모리는 시류에 편승하는 경영수법에 일절 동요하지 않는다. 불역유행(不易流行)의 불역(바꾸지 않음)을 확고하게 지키고 있는 셈이다. 게다가 유행의 본질을 훨씬 이전부터 이해하고 실천하고 있다. 이 같은 변함없는 신념에 기반을 둔 경영이야말로 이나모리 류, 나가모리 류 경영의 본질인 것이다.

불교의 가르침

종교에 있어서 교토는 그야말로 일본 종교의 성지라 할 수 있다. 이 두 경영의 '교조'가 교토에서 태어난 것도 우연의 일치만은 아닐

---

2) 산포요시(三方よし)란 "팔려서 좋고", "사서 써보니 좋고", "세상에도 두루두루 좋다"는 의미이며, 에도시절 오미(현 시가현)상인들이 내걸었던 구호.(역자주)

것이다. 이나모리는 불문에 입문한 것으로도 유명하다. 그는 1997년 교토의 원복사(임제종 묘심사파)에서 출가했다. 임제종이라고 하면 5대 선종 중에서도 참선을 가장 중시하는 종파이다. 세이와쥬쿠에서도 이른 아침부터 좌선이 여기저기서 행해진다.

이나모리와 종교의 인연은 깊다. 이나모리는 자신의 반평생을 되돌아보면서 몇 가지 에피소드를 들려준 적이 있다. 이나모리의 생가는 대대로 정토진종의 니시혼간지파(西本願寺派)였다. 어린 시절을 가고시마에서 보냈던 그는 아버지를 따라 지역의 '숨은 염불'에 다니면서 염불에 친근감을 느끼게 되었고 '난만, 난만, 아리가토우'라는 감사의 말은 늘 이나모리가 입에 달고 다닌다고 한다.

두 번째는 결핵을 앓았던 어린 시절 병상에서의 체험이다. 우연히 손에 쥔 경전 『생명의 실상』에 나오는 '우리 마음속에는 고난을 끌어당기는 자석이 있다'는 구절을 읽고 큰 충격을 받았다고 한다.

세 번째는 교세라 창업 당시 큰 도움을 받았던 미야기 전기제작소의 니시에다 이치에(西枝一江, 당시 상무)로부터 노스님 니시카타 단세츠(西片擔雪)를 소개받게 된 일이다. 이후로 경영상의 난관에 부딪힐 때마다 이나모리는 스님을 찾아뵙고 선문답을 통한 가르침으로 다시 일어설 수 있었다고 한다. 이나모리는 65세에 원복사에서 출가하게 되는데, 그곳은 노승 단세츠가 관장을 지냈던 곳이기도 하다. 이나모리 철학의 근저에는 부처님의 가르침이 존재하고 있다. 저서 『살아가는 방식』에서 자신의 원점은 석가가 깨달음을 얻기 위해 설파한 '육바라밀'에 있다고 말한다. 육바라밀이란 ① 보시, ② 자계, ③ 정진, ④ 인욕, ⑤ 참선, ⑥ 지혜의 여섯 가지 수행을 말한다.

이 중 일상에서 가장 실천하기 쉬운 기본 요건이 ③의 정진(노력을 아끼지 않고, 열심히 일하는 것)이라고 한다. 이로 인해 '근면을 통해 긍지를 되찾자'라는 근로관이 형성되었다. 최근 말도 많은 정부 주도의 '일하는 방식 개혁'과는 정면으로 대립하는 철학이다(이 점에 대해서는 다음 장에서 깊이 있게 다루고자 한다). 이들 여섯 가지 수행 중에서 이나모리 철학의 근간이 되는 것이 ①의 보시(布施)이다. 타인에 대한 베풂, 즉 이타행(利他行)을 말한다. 『살아가는 방식』에서 이나모리는 다음과 같이 설파하고 있다.

"좋은 경영을 지속하기 위해서는 마음 속 깊은 곳에 '세상을 위해, 사람들을 위해'라는 배려의 마음이 없어서는 안 된다. 모든 이들에게도 좋다는 '대욕(大欲)'을 가지고 공익을 도모하는 것이다." 이 같은 이타심이 돌고 돌아서 결국은 나 자신에게도 이익을 줄 뿐 아니라 나아가 더 큰 이익을 가져다준다는 것이다.

50세가 넘어 DDI를 창업할 때도 "창업의 동기는 선한 것인가, 사심은 따로 없는가" 늘 스스로에게 되물었다는 에피소드가 지금도 유명하다. '국민을 위해 장거리 전화 요금을 지금보다 저렴하게 하자'는 대의명분이 이나모리의 등을 떠밀었다고 한다. 또한 80세를 바라보는 나이에 하토야마 유키오(鳩山由紀夫) 당시 총리로부터 일본항공(JAL)의 기업회생 프로젝트의 협력요청을 받았을 때에도 많이 고민했다고 한다. 숙고 끝에 ① 2차 파산으로 인한 일본 경제 전체에 미치는 악영향을 막고, ② 남은 직원들의 고용을 지키고, ③ 올바른 업계 내 경쟁 구조를 유지해 국민들의 편익을 보장한다는 세 가지 대의명분에 다다랐을 때에는 조금의 망설임도 없었다고 한다. 무보수에다 3년간의 격무에 시달리면서도 훌륭하게 JAL을 회생시킨 그의 행동은 그야말로 이타행 그 자체였다.

염불 100회

한편 나가모리도 종교와 관련이 깊지만, 그다지 알려진 바는 없다. 여기서 몇 가지 에피소드를 간단히 소개하고자 한다. 나가모리는 매달 거르지 않고 교토 야세(八瀬)에 있는 구즈류 타이샤(九頭龍大社)를 찾는다. 이 신사 신주(神主)의 조언과 오미쿠지[3]를 믿음으로써 곤경에서 도움을 받은 적이 몇 차례나 있었다고 한다. 나가모리는 블로그에서 다음과 같이 쓰고 있다.

"구즈류 타이샤에서는 본당 주위를 돌며 소원을 비는 것이 일반적이지만 나는 '우리 회사의 실적이 좋아졌으면 좋겠다'는 따위의 소원

3) 참배객이 신사에서 길흉을 점치기 위해 뽑는 종이제비.(역자주)

은 빈 적이 없다. 그저 신들 앞에 서서 마음을 가라앉히고, 그때그때나 자신의 각오를 다짐할 뿐이다. 경영자의 적은 교만과 자만심이다. 이는 주변에서 지적해 줄 수 있는 성질의 것이 아니므로 자신 스스로 다스리고 계몽하는 수밖에 없다. 한 달에 한 번 이른 새벽 참배는 신령님들이 반드시 보고 계심을 확신하는 중요한 시간이다." 나가모리가 즐겨 읽는 책은 나카무라 덴푸(中村天風)의 『성공의 실현』(2003)이다. 나카무라는 인도에서의 요가수행을 통해 깨달음을 얻은 후 덴푸회를 창설하여 심신통일법을 전파한 사상가이다. 일반인들에게는 잘 알려져 있지 않지만 정치인이나 스포츠계에는 신봉자가 많다. 재계에서도 마쓰시타 고노스케, 그리고 이 책의 또 다른 주인공인 이나모리도 그의 사상에 심취했다. 나가모리는 알고 지내던 회계사로부터 이 책을 소개받았고 경영의 바이블로 삼아 정독해 왔다고 한다. 일본경제신문의 '리더의 책꽂이' 코너에서 나가모리는 이렇게 말했다(2011년 10월 30일자). "덴푸 씨는 절대 포기해서는 안 됩니다. 모든 것은 마음먹기에 달렸다는 것을 확인시켜 주었습니다. 이 같은 마음자세가 모든 것의 밑바탕이 됩니다." 나가모리에게는 '염불 100회'라는 에피소드가 있는데, 이 또한 흥미롭다. 이나모리와 마찬가지로 나가모리 또한 창업 당시 시장 개척에 마음고생이 심했다. '모터의 두께를 절반으로 줄이고도 같은 출력을 낸다면 전량 주문하겠다'는 식의 무리한 요구가 많았다. 엔지니어들은 "그건 불가능하다."며 처음부터 주저했다. 그러자 나가모리는 "지금부터 '할 수 있다, 할 수 있다'를 100번 말할 테니 다들 따라서 말하라."고 지시했다. '할 수 있다, 할 수 있다'를 100번 외치자 "아, 사장님, 뭔가 할 수 있을 것 같은 기분이 들어요."라는 소리가 흘러나왔다. '획기적인 일을 한다는 것은 이런 것이구나'라고 나는 생각했다(프레지던트 온라인, 2008년 12월 29일).

염불 외우듯이 계속 되뇌다 보면 자기 암시를 걸게 된다. 이것이 바로 나가모리 식 『열정 · 열의 · 집념의 경영』의 진수인 것이다. 염불을 외우면 누구라도 극락왕생 할 수 있다고 설파한 것은 정토종의 교주 호넨(法然)이며 제자인 신란(親鸞)은 거기에 더해 아미타불의 구원을 믿기만 해도 선인은 물론이고 악인조차도 왕생할 수 있다고 주장했다. 스스로 가정을 꾸린 대처승으로서 재야의 일반인들도 염불을 통해 구원을 얻을 수 있다고 설파한 것이다.

이 같은 지극히 현실적이면서 합리적인 가르침은 나가모리 류와 일맥상통한다. 간부 양성 코스인 글로벌 경영대학에서는 참선을 가르치는 프로그램이 반드시 하루이상 포함되어 있다. 장소는 묘신지(妙心寺) 바로 이나모리가 출가한 원복사와 같은 묘신지파의 사찰이다. 그곳에서는 좌선 체험과 함께 마쓰야마 다이코(松山大耕) 선사로부터 영어로 참선의 가르침을 받는다. 마쓰야마 선사는 도쿄대학 대학원 농학 생명과학연구과를 수료한 후, 수도생활을 거쳐 부주지로 취임했다. 관광청의 Visit Japan 대사, 교토 관광대사 등을 역임하고, 세계경제포럼 연차총회(다보스 회의)에 참석하는 등 세계를 무대로 일본의 사상과 문화를 알리고 있는 종교인이다. 21세기에 들어서면서 세계적으로 '마음챙김(mindfulness)'이 새로운 흐름으로 조용히 퍼져가고 있다. 명상을 통해 정신을 집중함으로써 사로잡혀버린 마음에서 벗어나 스스로의 창의성을 높이자는 것이 목적이다.

마음챙김(mindfulness)의 중심 거점이 바로 교토이다. 인도에서 탄생한 선이 중국을 거쳐 일본에서 다듬어지고 완성되었기 때문이다. 전 세계 경영자들이 교토 방문을 고대하며 바쁜 일정을 쪼개어 선사를 찾고 있다. 교토의 Mindfulness 문화는 경영자들이 잘 모르는 일본의 세계유산이다. 이나모리 류와 나가모리 류 또한 마음챙김과 마찬가지로 교토에 뿌리를 내리면서 전 세계로 조용히 퍼져 나가고 있다. 그리고 교토를 기점으로 삼는 두 경영자는 최근 자본주의의 미래가 의문시되는 가운데 점점 더 세계로부터 주목을 받고 있다.

연구에서 실학으로

교토는 학문의 도시이기도 하다. 그 중에서도 교토대학은 예전부터 자유분방한 교풍으로 알려져 있다. 특히 학계에서는 과거 유카와 히데키(湯川秀樹)와 아사나가 신이치로(朝永振一郎), 금세기에 들어서는 야마나카 신야(山中伸弥)와 혼죠 다스쿠(本庶佑) 등 노벨상 수상자를 다수 배출한 바 있다.

철학의 세계에서도 니시다 기타로(西田幾多郎)를 비롯하여 다나베 하지메(田邊元), 와츠지 테츠로(和辻哲郎) 등 개성 넘치는 철학자들을 배출했다. '교토학파'로 불리는 이들은 서양 철학을 수용하면서도 동양, 그리고 일본의 철학과 융합하는 길을 모색했다.

이나모리는 1984년 사재 200억 엔을 출연해 '교토상'을 창설했다. 이 상은 지금까지 5명의 기존 교토상 수상자가 노벨상마저 받음으로써 노벨상의 선행지표라고도 불리고 있다. 앞서 언급한 혼죠, 야마나카도 이들 중에 포함된다. 수상대상은 첨단기술 부문, 기초과학 부문, 사상예술 부문의 3개 부문이며 세 번째 항목인 사상예술을 추가한 점이 노벨상과 크게 다른 점이다. "과학과 문명의 발전과 인류의 정신적 심화의 밸런스를 유지하면서 미래의 진보에 공헌하고 싶다."는 이나모리의 강한 의지가 담겨 있다. 철학자로는 미국의 칼 포퍼, 프랑스의 폴 리쾨르, 독일의 위르겐 하버마스 등, 일본에서는 구로사와 아키라, 안도 타다오, 미야케 잇세, 반도 다마사부로 등이 수상하였다.

이나모리를 이해하기 위해서는 우메하라 다케시(梅原猛)와의 대담집이 참고할만한데 우메하라는 이단시되는 신교토파의 사상가이다.

그의 언행에는 교토대학도 두 손을 들어버렸지만, 그는 모노츠쿠리 대학 총장, 교토시립예술대학 총장, 국제일본문화연구센터 소장을 역임하며 '우메하라 일본학'이라는 독창적 사상을 펼쳐왔다. 대담집에서도 우메하라는 이나모리와 자신을 '지적 야만인(바바리안)'이라고 부른다. 두 사람은 욕망에 지배되는 현대 문명에 경종을 울리면서 '숲의 종교(공생관)'와 '이타의 정신(불교관)'을 주축으로 '마음 교육'의 필요성을 설파한다. 우메하라는 이나모리에게 "철학을 가진 사람이 새로운 학교를 여는 것이 일본에 있어서도, 세계에 있어서도 큰 의미가 있다고 생각합니다."라고 하면서 "직접 대학을 만들면 어떻겠느냐?"고 묻는다.

교토대학을 넘어서

나가모리 역시 상아탑 안에서의 사변적 연구에는 그다지 관심을 두지 않는다. 반면 연구 성과를 현실에 적용하는 실학에 대해서는 철저하게 파고든다. 그가 이사장을 맡고 있는 나가모리 재단은 모터, 발전기, 액추에이터 등 주변 분야를 포함한 기술을 표창하는 '나가모리상'을 운영하고 있다. 압권은 사재 100억 엔 이상을 출연해 설립한 교토 센단카가쿠 대학(교토첨단과학 대학 KUAS)이다. 50년 역사의 교토가쿠엔대학을 인수해 새로운 대학으로 '탈바꿈'시킨 후, 2019년부터 정식 출범했다. M&A와 기업변혁의 프로가 마침내 학교 교육에도 뛰어든 것이다. 우메하라의 이나모리에 대한 소망이 기묘하게도 나가모리에 의해 실현된 것이다. 2020년에는 공과대학을 신설하고, 22년에는 비즈니스 스쿨을 설립하였다. "대학 순위에서 2025년에는 간간도리츠[4]를 제치고, 그 다음에는 교토대학을 넘어서겠다."고 했다. "나아가 미국 하버드대학과 영국 케임브리지대학도 넘어설 생각이다."라고 나가모리는 말한다(『닛케이 비즈니스』 2020년 11월 10일호).

"학교에 몸담은 이들의 의식수준이 일류가 아니라면 결코 일류대학이 될 수 없다."고 나가모리는 말한다. 그래서 우선 총장에 도쿄대학 이사와 부총장 및 일본 전기생산 기술연구소 소장을 역임한 마에다 마사후미(前田正史)를 선임했고, 경제경영학부 학장에는 교토대 부총장을 지낸 토쿠가 요시히로(德賀芳弘)를, 공학부 학장에는 같은 교토대 타바타 오사무(田畑修)를 초빙했다. 공과대학의 교원은 전 세계에서 모집하여 21명의 교원 중 1/3이 해외 출신으로 구성되어 있다. 수업은 영어로. 학생들은 입학 초기부터 철저하게 실전 영어를 익히게 된다. 나가모리는 교육을 자신이 해야 할 큰 역할 중 하나로 보고 있다. 지금 일본 대학은 '교(教)'는 하고 있는 것 같지만 '육(育)'은 전혀 실천하지 못하고 있다고 지적한다. 일류대학을 졸업한 인재가 경영이나 사업 현장에서는 그다지 도움이 되지 않는다는 것을 뼈저

---

4) 일본 관서지방에서 국공립대학을 제외하고 지명도가 높은 사학명문대학 4곳을 총칭한 표현으로 간사이가쿠인(関西学院), 간사이(関西), 도시샤(同志社), 리츠메이칸(立命館)대학을 일컬음.(역자주)

리게 느껴왔기 때문이다. 그래서 경영 전문가인 자신이 이사장이 되어 실무 교육의 세계적인 기관을 교토에 세우기로 결심한 것이다.

아울러, 실무에 도움이 되는 연구에 주력하면서 교내에 '나가모리 액추에이터 연구소'를 설립하고 로봇공학, 재료과학, 나노공학 등 최첨단의 테크놀로지 연구를 시작했다. 그 이유를 "노벨상 급의 연구가 이뤄지는 대학에는 반드시 우수한 학생과 교수들이 모이기 마련이다."라고 말한다(『프레지던트』 2020년 4월 17일자). 학문의 도시 교토가 실학의 도시로도 세계로부터 뜨거운 시선을 받기 시작했다.

노화 없는 사회

교토에서 출발한 실학의 최첨단을 말하자면, iPS세포연구이다. 교토대 야마나카 신야(山中伸弥) 교수는 지난 2012년 노벨상을 수상했다. 앞서 언급한 교토상을 받은 2년 후의 일이다. 그가 이끄는 교토대 iPS세포연구소는 이 분야의 세계 중심지이다.

하지만 야마나카가 임상의사로서 커리어를 시작했다는 사실은 의외로 잘 알려져 있지 않다. 연구자로 전향한 후에도 그는 세포를 임상에 적용하여 사람들의 생명을 구하고 건강을 증진시키는 일을 최대의 목표로 삼았다. 야마나카는 교토상 30주년 기념 대담을 이나모리와 가졌다. 대담집 『슬기롭게 사는 것보다 참을성 있는 바보가 되라』(아사히신문출판사, 2014)에서 두 사람은 서로의 반평생과 철학을 이야기한다. 경영과 의학이라는 서로 이질적 세계에서도 철저하게 본질을 추구해가는 두 사람의 자세는 멋지게 일치하고 있었다.

야마나카의 좌우명은 'VW'라고 한다. "Vision & Work Hard" - 미국유학시절 은사로부터 얻은 문구이다. "목적을 명확히 하고 열심히 노력하는 것이다. 말은 간단하지만 실현하기는 쉽지 않다."고 야마나카는 말한다. "당시에는 열심히 한다는 건 누구에게도 뒤지지 않을 자신이 있었고, 눈앞의 목표도 보였지만, 문득 장기적 비전이 보이지 않았다. 이후로는 늘 VW를 마음에 새기고 있다. 오늘 대담을 하면서 새삼 교세라의 성공 또한 'VW'에 있었지 않았나 느꼈다."라고 말했다.

한편, 대담에서는 이나모리가 iPS세포의 실용화로 수명이 길어지면 고령화 사회를 막을 수 없지 않겠느냐고 질문하는 장면이 있었다. 이에 대해 야마나카는 건강수명이 늘어나 활기찬 고령자가 많아지면 60세를 넘어서 제2의 인생 설계가 가능하지 않겠느냐고 답했다. 65세에 승려로, 78세에는 JAL의 기업회생에 몰두한 이나모리야말로 그런 '활기찬 노인'의 대표주자라 하겠다. 열심히 일하는 것이 장수의 비결인 것 같다. 물론 그러기 위해서는 일이 즐거울 수밖에 없을 정도로 높은 '비전'과 의식수준을 스스로 지속시켜 나아가야 하겠지만 ….

125세 인생

정작 VW 경영이라고 하면 나가모리의 경영이념 그 자체이기도 하다. 그는 언제나 멀고 험난한 정상을 목표로 삼고 지적 하드워킹을 통해 반드시 이루어내고야 말았다. 이와 같은 부단의 노력은 Nidec 고속성장의 원동력이었다.

나가모리 자신도 야마나카로부터 여러 가지 자극을 받고 있다. 예를 들어, "iPS세포를 활용한 재생의료로 향후 10년 정도면 대부분의 질병이 극복되어 일본인의 평균 수명이 120세 정도까지 늘어날 수 있지 않을까"라는 것이다.

세계적으로 베스트셀러가 된 하버드대학의 데이비드 싱클레어 교수의 『라이프스팬(수명)』(2020)에서도 '야마나카 인자'라고 불리는 iPS세포의 세 가지 인자에 의해 노화를 리셋할 수 있다는 연구 결과가 소개되었다. "그렇게 되면 나도 앞으로 50년은 더 살 수 있을지 모른다."고 나가모리는 말한다. "그래서 2019년 시점에서 차기 50년 계획을 세웠다."고 한다.

장기적 비전이 나가모리 경영의 진수라는 것은 익히 알고 있었지만, 이 이야기를 듣고서는 필자도 혀를 내둘렀다. 나가모리는 교육과 함께 의료를 앞으로의 주력 테마로 삼고 있다. 지난 2017년에는 사재 약 70억 엔을 털어 교토부립 의과대학에 '나가모리 기념 최첨단

암치료연구센터'를 설립했다. 양성자로 암을 치료하는 시설이다. 관광지 교토를 입지상 강점으로 살려 타 지역과는 차별화되는 의료관광 또한 전면에 내세우고 있다.

야마다 케이지(山田啓二) 당시 교토지사 등이 모인 센터 준공식에서 나가모리는 다음과 같이 인사말을 했다. "창업 당시 자금이 부족했을 때 교토부의 자금제공으로 큰 도움을 받았고, 회사가 발전하는 과정에서 교토부민들에게도 많은 신세를 졌다. 교토에서 태어나고 자란 사람으로서 가능한 한 많은 지원을 하고 싶다. 2030년에는 교토 첨단과학대학에도 의학부 설립을 구상하고 있다."고 했다. '안티 에이징' 사회의 실현을 향한 그의 꿈은 앞으로도 이어질 것이다.

신 '대표적 일본인'

우치무라 간조(內村鑑三)의 『대표적 일본인』은 오카쿠라 덴신의 『차의 책』, 니토베 이나조의 『무사도』와 함께 일본인과 일본문화를 테마로 삼고 영어로 출간된 고전명작이다. 책에서는 사이고 다카모리, 우에스기 요잔, 니노미야 손토쿠, 나카에 도쥬, 니치렌(이상 5명의 인물들)을 일본을 대표하는 인물로 선정해 소개하고 있다. 이나모리의 애독서 중 한권으로 직접 일본어 번역서를 출간할 정도로 애착을 가지는 책이라고 한다. 그 중에서도 사이고 다카모리(西鄕隆盛)는 가고시마 출신인 이나모리가 가장 존경하는 인물 중 한 명이다. “사이고는 의리와 인정이 넘치는, 내게 있어서 마음의 한 축이 되는 분입니다.”(『이나모리 가즈오의 철학』, 2006) 그는 사이고의 ‘경천애인(敬天愛人)’을 좌우명으로 삼아 『경천애인 - 나의 경영을 지탱해 준 것들』(1997)을 출간한 바 있다.

또 다른 가고시마 출신의 오쿠보 토시미츠 역시 이나모리가 큰 뜻을 실현하는 데 있어 빼놓을 수 없는 스승이다. “내 생각의 중심에는 사이고와 같은 인정이 흐르고 있지만, 사업을 하는 데 있어서는 오쿠보 토시미츠의 이성과 냉철함이 있다.”(『이나모리 가즈오의 철학』). 이 같은 균형 감각이야말로 이나모리 철학의 진수이며 이에 대해서는 이후 살펴보고자 한다.

니노미야 손토쿠(二宮尊徳)를 존경하는 경영자들도 적지 않다. 이나모리도 그 중 한 명이다. 이나모리는 이시다 바이칸과 니노미야 손토쿠를 에도시대 일본적 경영의 원점을 만들어낸 인물로 평가하고 있다. 니노미야로부터는 노동을 통한 심성 연마와 그 중요성에 대해 배웠으며, 근로관의 상실이야말로 현재 일본 기업이 직면하고 있는 경쟁력 쇠퇴의 한 원인으로 논하고 있다(이 점에 대해서도 이후 면밀히 살펴보고자 한다).

그렇다면 근대 일본을 대표하는 경영자는 누구인가? ‘일본 자본주의의 아버지’라고 하면 시부사와 에이이치(渋沢栄一)가 언급되지만 그는 앵글로색슨 식과는 다른 합본주의를 바탕으로 한 자본주의를 추구했다. 이는 오늘날 공익 자본주의의 원조라고도 할 수 있다.

쇼와(昭和)시대에는 다수의 뛰어난 경영자가 있었지만 그 중에서도 마쓰시타 고노스케가 으뜸으로 꼽히는 것은 대다수가 공감하는 부분일 것이다. 한편 일본이 장기에 걸친 침체기에 직면한 헤이세(平成)시대에는 몇 안 되는 뛰어난 경영자들 중 대표 주자가 이나모리라는 사실에도 아마 크게 이견은 없을 것이다.

그렇다면 레이와(令和)시대를 대표하는 경영자는 누구인가? 불확실성이 넘쳐나는 레이와 시대의 향방을 예측하기란 쉽지 않다. 하지만 세계가 주목하는 일본의 경영자라고 한하면 나가모리, 야나이, 손정의의 이름을 떠올릴 것 같다. 참고로 이들은 세간에서 '허풍쟁이 삼형제'로 불리기도 한다. 아마도 황당무계해 보이는 원대한 구상을 내거는 탓일 것이다. 하지만, 이들은 거창한 구상에 걸맞게 진지하게 임하며 심지어는 목숨까지 걸고 실현해 나가는 것으로도 정평이 나 있다. 나가모리는 "나의 허풍은 헛소리나 거짓말이 아니다. 꿈을 현실로 만드는 것이야말로 기업가의 역할이다."라고 말한다.

이나모리와 나가모리 두 사람 모두가 교토를 본거지로 삼고는 있지만, 이들은 매우 이질적인 경영자이다. 이나모리는 대의명분을 말하고, 나가모리는 포부를 말한다. 이나모리는 이타(利他)를 설파하고, 나가모리는 집념을 설파한다. 관점에 따라서는 상반된 존재처럼 보이는 것이 이들 두 사람이다.

하지만 각자의 반평생을 살펴보면, 서로가 닮은꼴의 궤적을 따라가고 있다는 사실을 알게 된다. 게다가 두 사람의 경영철학은 잘 들여다보면 놀랄 정도로 공통점이 많다.

제2장에서는 먼저 두 사람이 걸어온 길에 대해 되돌아보고, 제3장에서는 이들이 보여주는 경영의 진수를 추출해 보고자 한다. 이를 통해 현대를 살아가는 '신(新) 대표적 일본 경영자'의 모습이 부각될 것이다.

제2장 리더의 걸어온 길

어머니의 가르침

이나모리의 반평생은 『골목대장 자서전』(일본경제신문출판사, 2002)에 생생하게 그려져 있다. 한편, 나가모리의 반평생은 자서전 『정열·열의·집념의 경영』 등에서 찾아볼 수 있다.

1932년에 태어난 이나모리와 1944년에 태어난 나가모리는 속칭 띠 동갑이지만 성장과정은 신기할 정도로 겹치는 부분이 많다. 가정형편이 유복하지 않았던 점, 소년 골목대장이었던 점과 힘들게 고학을 하면서 졸업한 점이 그것이다.

특히 그 중에서도 인격 형성기에 있어서 어머니의 존재감이 컸다는 사실이 큰 공통점이다. 이나모리는 가고시마시 야쿠시마초(현 조니시이치초)에서 7형제 중 둘째 아들로 태어났다. 아버지 게사이치는 인쇄공장을 경영하였는데 전쟁 중 공장이 소실되어 실의에 빠진 아버지를 대신해 강인한 어머니 기미가 가정을 꾸려갔다.

이나모리는 어린 시절, 울보에다 응석받이(카고시마 말로 '고테양'이라고 한다)여서 하루 종일 어머니의 옷자락을 붙잡고 따라다녔다고들 한다. 개구쟁이 소년시절 싸움에 져 집에 울며 돌아오면 어머니는 "네가 옳다고 생각하면 나가서 다시 한 번 붙어봐라!"라며 집에서조차 내몰았다.

이나모리는 그런 어머니로부터 인간으로서 무엇이 옳은 지를 판단 기준으로 삼는 삶의 방식을 배웠다고 한다. 어머니는 자주 다음과 같은 말을 하셨다고 한다.

"혼자 있을 때에도 신령님, 부처님이 죄다 지켜보고 계신다고 생각하고 행동하라." 혹 행동에 주저함이 있을 때에는 "보고 계신다, 보고 계셔"라고 되 뇌이라고(『고테양 - 나를 지탱하게 한 어머니의 가르침』 小学館, 2015). 앞서 소개한 야마나카 신야와의 대담에서도 "나는 82세가 되었는데도, (사실 지난 몇 년) 평소의 사소한 일에서조차 '어머니'란 말을 입에 달고 다니는 일이 있다."고 말한다. "요즘은 힘들 때도 어머니, 기쁠 때도 어머니 (중략) 여기서 말하는 어머니란 어머니 그 자체라기보다는 자연, 우주, 전지전능한 신과 같은 존재를 가리키는 것 같다는 생각이 듭니다. (중략) 그만큼 내 마음 속에는 어머니의 존재가 큰 위치를 차지하고 있는 것 같습니다."(『슬기롭게 사는 것보다 참을성 있는 바보가 되라』 2014).

세살 적 영혼

나가모리는 교토부 휴가시(京都府向日市)에서 6형제 중 막내로 태어났다. 부모님은 농부였고, 중학생 때 아버지를 여의고 어머니 다미가 열심히 일하며 일가족을 부양했다. "어머니는 누구보다 일찍 일어나서 누구보다 늦게까지 일하셨다."고 나가모리는 회상한다. 그런 그가 소중히 여기는 어머니의 가르침은 '절대로 손쉬운 돈벌이를 해서는 안 된다'는 것이다. "사훈『정열 · 열의 · 집념』,『지적 하드워크』,『즉시 한다, 반드시 한다, 될 때까지 한다』도 모두 어머니의 가르침에서 비롯된 것이다. 어머니를 빼놓고는 이야기할 수 없다." (「동양경제온라인」 2011년3월2일~4일에 실린 글).

교토에서 가장 높은 Nidec 본사 건물의 20층에는 사장실이 있고 그 방의 동쪽 창문을 통해 어머니의 묘소가 내려다보인다. 지금도 가끔 '너는 사람보다 두 배로 일하고 있느냐'는 어머니의 목소리가 들린다고 한다. 가끔 컨디션이 좋지 않아 일찍 퇴근하면 또다시 '벌써 퇴근하는 거냐'라는 어머니의 목소리가 들려오는 것 같다고 한다.

'세 살 적 버릇 백 살까지'라는 말이 있지만, 이나모리와 나가모리의 인생철학에는 어머니의 가르침이 짙게 깔려 있다. 물론 이런 이야기들은 비단 이들 두 사람만의 이야기는 아닐 것이다. 『어머니의 가르침』(재계연구소, 2014)이라는 책에는 이나모리, 나가모리 외에도 시덱스 최고고문인 시다 츠토무(志太勤), 세븐앤아이홀딩스 명예고문 스즈키 토시후미(鈴木敏文) 등 25명의 경영자들이 등장하는데 이들의 이야기에서도 어머니의 가르침이 경영의 원점이 되고 있음을 알 수 있다.

탈 일본

두 사람의 창업 시기도 이나모리 27세, 나가모리 28세로 비슷하다.

이나모리는 1955년 가고시마 현립대학(현 가고시마대학)의 공학부를 졸업한 후 교토에 있던 절연체 제조업체 쇼후공업(松風工業)에 입사한다. 그러나 이 회사는 당시 부도 직전으로 퇴직자가 속출하고 있었다. 이나모리는 같이 근무하던 직원들 8명과 함께 1959년 교토세라믹(현 교세라)을 설립한다.

창립 기념일 행사에서 이나모리는 "언젠가는 교토 No.1, 그 다음에는 일본 No.1, 그리고 세계 No.1 이 될 것"이라고 공언했다. 하지만 무명의 벤처기업으로서는 고객 개척이 매우 어려웠다. 간혹 관심을 보이는 기업들은 동종 업계에서 실현 불가능하다고 판단하여 착수조차 하지 않는 무리한 과제 해결을 요구해 왔다. 이나모리는 이 같은 요구라도 즉시 맡아서 밤샘을 되풀이하며 완성해 나간다.

하지만 경직된 일본의 산업 구조 속에서 영세기업의 신규 시장진입은 쉬운 일이 아니었다. 그래서 이나모리는 일본 대기업의 기술도입처인 미국을 진출 대상목표로 삼지만 미국 기업들은 교세라의 기술력은 높이 평가하면서도 좀처럼 주문으로는 이어지지 않았다. 그렇게 고군분투하던 중 마침내 IBM사로부터 대형 수주를 받게 된다. 그것도 대형 범용 컴퓨터 신시대의 개막을 알리는 '시스템/360' 용의 핵심 부품이었다. 이나모리는 세계 초일류 기업들이 과거의 실적이나 네임 밸류(name value) 보다 기술력과 페어플레이를 중시한다는 사실을 절실하게 느꼈다고 한다.

하지만 막상 뚜껑을 열어보니, IBM제품의 사양이 너무 까다로워 몇 번을 시도해도 실패가 이어졌다. 이나모리는 담당자에게 "잘 구워지도록 신령님께 기도는 했느냐?"고 물었고 이에 담당자는 그야말로 매일 기도해 가면서 난관을 극복해 나갔다.

수주한 이래 2년이 지나서야, 비로소 기한 내에 납품을 할 수 있었다. 마지막 납품 트럭의 출발을 지켜보면서 '인간의 능력은 무한하다'는 것을 새삼 깨닫게 되었다고 한다.

능력을 미래 진행형으로 생각한다는 이나모리 철학이 탄생하는 첫 순간이었다. 이후 교세라는 세계시장에서 주목을 받기 시작했고 일본에서도 크게 도약하는 발판을 마련하게 되었다.

일등이 아니라면 죄다 꼴등

나가모리는 1967년 직업훈련대학(현 직업능력개발종합대학) 전기과를 수석으로 졸업하고, 음향기기 제조회사인 Teac에 취직하였다. 1973년에는 회사부하 2명을 포함해 4명의 젊은이들을 이끌고 Nidec(구 일본전산)을 창업한다. 자택의 외양간을 개조한 본사에서 '비동족(非同族), 비하청(非下請), 글로벌'이라는 세 개의 슬로건을 내걸었다. 이듬해 제1차 오일쇼크가 터지는 와중에 그야말로 폭풍 속 출범이었다.

창업 당시 수주할 수 있었던 일거리는 난이도가 높아 동종업계에서는 손도 대지 않는 컴퓨터용 시제품 모터뿐이었다. 나가모리는 어쨌든 수주를 따낸 후, 고군분투하며 가까스로 장애물을 극복해 갔다. 이 같은 경험을 통해 '고생은 곧 재산'이라는 신념이 생겼다. 훗날 그는 "정열, 열의, 집념만 있으면 불가능을 가능케 할 수 있다는 무형의 재산을 지니게 되었다."고 회고했다(『정열 · 열의 · 집념의 경영』). 1등이 아니라면 죄다 꼴등이 그의 모토이다. 창업 초기부터 세계 최고의 정밀 소형모터 회사를 목표로 삼았다. 그러나 실적과 경력을 중시하는 일본 기업의 벽은 두터웠고, 주문을 받기란 어려움의 연속이었다. 그래서 단신으로 미국에 건너가 닥치는 대로 영업활동을 펼친 결과, 쓰리엠(3M)사로부터 대량 수주를 따냈다. 그 후

IBM, 제록스 등 미국 대기업과의 거래가 확대되어 갔다. 그러자 이번엔 일본의 일류 제조업체로부터 "IBM에 납품하는 모터와 같은 것을 원한다."며 주문이 쇄도하기 시작했다. 오일쇼크 이후의 에너지 절약에 대한 관심이 높아지는 행운이 뒤따랐다. 그야말로 위기가 절호의 기회로 바뀌는 순간이었다.

그리고 제2차 오일쇼크가 발발한 1979년에는 세계 최초로 브러시리스 DC모터가 하드디스크를 직접 구동 시키는 방식을 실용화했다. 이 기술이 계기가 되어 컴퓨터의 소형화가 급속히 진전되었다. 이러한 흐름에 편승하여 Nidec의 고속 성장은 이어져 갔다.

일의전심(전심전력)

이나모리와 나가모리는 높은 이상(purpose)과 열정(passion)을 무기로 제로에서 출발하여 폐쇄적 일본 시장에서 세계로 진출하여 글로벌 업계1위의 자리를 차지하였다. 파인 세라믹스와 소형 모터라는 서로의 본업에 충실하면서, 각각 매출 2조 엔대의 세계 기업으로 꾸준한 성장을 유지하고 있다.

디지털화라는 시대적 흐름을 잘 활용한 것도 성장의 요인이었다. 하지만 이는 동종업계에 있어서도 똑같이 큰 기회였지만 교세라와 Nidec은 전심전력의 자세를 견지하고 천우신조의 기회를 파고들며 성공할 수 있었다.

잃어버린 30년을 경험한 일본에서는 지금 '양손잡이 경영'이 각광받고 있다. 양손잡이 경영이란 기존 사업의 심화와 신규 사업 발굴을 동시에 실천해야 한다는 미국발 경영 모델이다. 그러나 이는 미국에서 조차도 실패의 낙인이 찍힌 지 이미 오래된 이야기이다. 심화에 앞서 탐구가 있고, 탐구는 항상 심화가 수반되지 않으면 성공에 도달하기 어렵다. 이대로라면 일본은 다시금 미국식 경영에 표면적으로 부화뇌동한 꼴이 되어 크게 발을 헛디딜 수도 있어 보인다. 나가모리는 일본 기업의 패인과 자사의 성공 요인을 다음과 같이 요약하고 있다.

"일본 기업들은 자신들의 강점을 가지고 있으면서도 강점과는 거리가 먼 분야까지 손을 뻗어 비대화 되어왔다. 그러나 Nidec은 모터를 중심으로 '돌아가는 것, 움직이는 것'에 특화하며 전문 분야를 더욱 깊게 파고들어 감으로써 새로운 사업의 광맥을 찾아내었고 그 결과 관련 사업영역을 확장하기에 이르렀다."고 말했다.

"국내 넘버원에서 세계 넘버원을 향해, 이를 실현하기 위해서는 온 마음과 정성을 다하는 것이 중요하다고 생각한다."(『정열 · 열의 · 집념의 경영』)

니체는 '너 자신의 발밑을 파라 그러면 거기에 샘이 있다'는 명언을 남겼다. 이나모리도 나가모리도 이 고고한 철학자의 가르침을 충실하게 실천하고 있다.

시련을 도약의 발판으로

언제나 순풍에 돛을 달 수 만은 없기 마련이다. 반세기에 걸친 경영자 인생에서 두 사람 모두 수많은 시련에 직면했다. 하지만 그때마다 크게 발전해 왔다.

이나모리에게 가장 큰 시련은 의료 분야에 신규 진출했을 때 찾아왔다. 교세라는 1973년 세라믹스 임플란트(생체 내 삽입 재료) 개발에 착수했다. 이후 바이오세럼 사업은 교세라의 신규 사업으로 궤도에 올랐다. 그러나 1985년 약사법 위반 문제가 불거졌다. 새로운 형상 및 사이즈를 제조하면서 거기에 수반된 개별 인가를 받지 않은 채 판매를 단행해 버린 것이다. 환자들에게 보탬이 되리라는 판단에 서였다고는 하지만 1개월의 조업정지 처분을 받았다.

이 같은 곤경에서 구해준 이가 앞서 언급했던 단세츠 노승이다. 언론에 보도되어 큰 곤경에 처해 있다고 털어놓자 "그건 어쩔 도리가 없군요, 이나모리 씨 고생하는 것은 살아 있다는 증거입니다."라는 애써 외면하는 듯한 답이 돌아왔다.

그에게서는 "재난을 당하는 것은 과거에 지은 업보가 사라질 때입니다. 업보가 사라지는 것이니 기뻐해야 합니다. 어떤 업보가 있었는지는 모르겠지만, 그 정도 일로 업보가 사라진다면 실로 축하할 일이 아닐까요." 이 말 한마디가 이나모리를 다시 일으켜 세우는 최고의 가르침이 되었다. "세간의 비판도 '신이 내려주신 시련'이라 진지하게 받아들이고 전 직원에게는 옷깃을 여미라고 당부하였다." (『골목대장 자서전』)고 한다.

이나모리는 성공조차도 시련이라고 말한다.

"하늘은 성공이라는 시련을 사람들에게 내려 줌으로써 그 사람을 시험하고 있는 것입니다. 말하자면 인생은 크고 작은 다양한 고난과 성공의 연속이며, 그 모든 것이 시련입니다. 그리고 우리들의 인생은 그 인생에서 엮어내는 시련을 어떻게 받아들이느냐에 따라 크게 변모해 가는 것입니다."(『치치(至知)』, 2003년 4월호)

그리고 시련 속에서야말로 큰 뜻이 깃들여 진다고 설파한다.

"나는 현대의 혼란스러운 사회를 생각할 때, 우리 한 사람 한 사람이 어떤 환경에 처해 있더라도 자신을 연마하고 인격을 높이기 위해 끊임없이 노력하는 것이, 비록 겉으로 보기에는 멀리 돌아가는 것처럼 느껴질지 몰라도 결국에는 사회를 더 나은 곳으로 이끌고 간다고 믿는다."

골짜기가 깊으면 산도 높아

나가모리도 버블 붕괴, 리먼 쇼크, 태국 대홍수 등 매번 큰 시련에 직면해 왔다. 그리고 그때마다 이를 도약의 발판으로 삼아 한층 더 크게 성장하고 있다.

일본 전체가 버블경기에 들 떠있던 시기, 나가모리는 그 동안에 있었던 조직 우선의 확대노선을 탈피해 인적자원의 성장에 걸맞은 조직 만들기로 방향을 크게 선회하였다. 이 같은 조직변경이 성과를 냄으로써 버블붕괴의 위기를 슬기롭게 넘어 새로운 성장궤도로 진입할 수 있었다.

이를 나가모리는 잠시의 휴식기로 부른다. "그저 막무가내로 앞만 보고 달리는 것만이 성장은 아니다. 때로는 쉬는 것도 중요하고, 휴식이 있기 때문에 다시 활력을 되찾고 이후 성장의 계단을 단숨에 뛰어오를 수 있는 것이다."(『정열 · 열의 · 집념의 경영』)

그 같은 신념 하에서 '더블 프로핏 레이시오(Double Profit Ratio: DPR)'라는 나가모리 식 경영 수법이 결실을 맺어간다. 매출이 절반으로 줄어도 흑자를 낼 수 있는 경영 체질로 만드는 활동이다. 고정비를 포함한 모든 비용 항목을 철저하게 줄여 손익분기점을 대폭 낮춘다. 그 결과 매출이 회복되면 수익률은 두 배로 늘어나는 구조 개혁이다. 어머니의 가르침이 힌트가 되었다고 한다. 나가모리가 창업을 결심했을 때, 시종일관 반대하던 어머니는 마지막에 가서 "회사를 차릴 거면 사람들의 두 배로 일할 거냐? 두 배로 일하지 않으면 성공할 수 없다."고 말씀하셨다고 한다. 창업 이후 나가모리는 두 배와 절반의 법칙을 고수하고 있다. 타사보다 두 배로 일하고, 납기를 절반으로 줄임으로써 승리를 이끌어낸다는 법칙이다. 이를 비용 구조에 맞게 조정함으로써 불황에 직면할 때마다 더 한 층 강해지는 대담무쌍한 전략을 익힌 것이다.

나가모리는 코로나19 사태를 도약의 기회로 삼고 있다. 신종 코로나 바이러스 감염 확대의 1파가 한창일 때, 그는 다음과 같이 TV인터뷰에 응했다. "이번 계곡은 깊다. 하지만 깊으면 깊을수록 더 높은 산이 기다리고 있다."고 말했다. "나는 직원들과 임원들에게 이럴 때일수록 경쟁력에 차이가 난다고 말한다. 그렇기 때문에 더 필사적으로 노력해야 하지 않겠느냐고. 결국 내 대답은 자신의 힘을 믿고, 또 우리 직원들의 힘을 믿고 노력한다면 반드시 좋은 결과가 기다리고 있다는 것이다. 이번에도 모두가 위기감을 가지고 있다. 그렇기 때문에 이런 기회는 좀처럼 없다. 다들 위기감을 가지고 나의 이야기도 진지하게 들어준다. 그래서 이 기회를 살려서, 틀림없이 더 밝은 미래를 만들어 가야 한다는 마음가짐을 하고 있다."(2020년 4월 28일 NHK)

'산이 높으면 골이 깊다'는 증권시장의 격언이 있다. 16살 때부터 주식투자를 했다는 나가모리는 이 격언의 이면을 읽고 있다. 미래를 먼저 내다보는 나가모리 식 경영은 이처럼 선견지명에서 비롯된다. 나가모리는 신종 코로나가 세계적으로 유행하기 반 년 전부터 "내년에는 큰 불황의 물결이 닥쳐올 것"이라고 예측했고, DPR을 발동했다. 한편, 전기 자동차(EV)용 구동 모터의 증산을 위해 중국 대련에 1000억 엔 규모의 투자를 발표했다.

이나모리는 불황은 성장의 찬스라고 얘기하고, 나가모리는 위기를 기회로 바꿀 수 있는 기업만이 살아남는다고 힘주어 말한다. 시련의 기간이야말로 이들의 경영능력이 진가를 발휘하고 이 기간이 바로 'MM 경영'의 저력이 역력히 드러나는 순간이기도 하다.

파괴가 아닌 진화

이나모리와 나가모리는 기업회생의 달인으로서도 공통점이 많다.

이나모리는 지난 1998년, 기업회생법 적용을 신청한 복사기 제조업체 미타 공업을 '교세라미타(현 교세라 도큐먼트 솔루션즈)'로 교세라의 자회사로 편입시켰고 당초 9년간으로 예정된 회생계획을 불과 2년 만에 마쳤다.

해외에서도, 1990년 미국의 대형 전자부품 제조업체인 AVX사를 합병했다. 그 후 AVX의 실적은 빠르게 개선되었고, 1995년에는 뉴욕 증권거래소에 재상장하는 쾌거를 이룩했다.

하지만 무엇보다도 세계를 놀라게 한 것은 JAL의 회생극이었다. 2010년 1월 JAL은 회사 회생법 적용을 신청했다. 정계와 재계의 요청에 따라 이나모리가 무보수로 회생에 나선다. 이나모리의 나이 78세. 고희를 훌쩍 넘긴 노인의 등장을 두고 언론은 이대로 가다가는 2차 파산이 불가피하다고까지 혹평했다.

그러나 이나모리는 직원들의 의식개혁을 통해 1년 뒤에는 영업이익이 1800억 엔을 돌파하며 역대 최고의 이익을 창출하는 데 성공한다. 그리고 2년 반 후에는 주식시장에 재상장을 이루어 냈다. 그간의 경위는 오오타 요시히도(大田嘉仁)의 『JAL의 기적』(치치출판사, 2018)에 상세히 나와 있다. 오오타는 이나모리가 교세라에서 JAL로 파견한 기업회생의 책임 프로듀서였다.

이나모리는 사장 취임 후 첫 임원 대면식에서 나카무라 덴푸(中村天風)의 구절을 인용했다. "새로운 계획의 성취는 오직 불굴의 일념에 있다. 그렇다면 오직 일념으로, 기품있게, 강인하게, 일관되게."

하지만 경영진들 사이에서는 냉소적인 분위기가 감돌고 있었고 정신론만 가지고는 JAL을 되살릴 수 없다는 목소리도 적지 않았다고 한다.

또한, 틈틈이 "경영의 목적은 전 직원의 물질적, 정신적 행복 추구에 있다."고 말하는 이나모리에 대해 노조에 영합하는 것 아니냐며 일부 간부들이 반발했다. 이에 대해 이나모리는 “직원을 신뢰할 수 없다면 간부의 자격이 없다.”고 엄중히 이들을 훈계했다고 한다.

“직원이 행복하지 않은 회사는 발전할 리 만무하고, 자본주의의 메카로 불리는 뉴욕 증시에 교세라가 상장되어 있다고 해서, 그 때문에 비판을 받은 적은 없다.”고 말한 이나모리는 화사 전체의 의식변화를 최우선 과제로 삼고, 먼저 리더들의 교육을 철저히 실행했다. 그 가운데 교세라 철학을 참고로 'JAL철학'이 탄생했고, 이어서 전 직원을 대상으로 한 철학 교육이 전개되었다.

가장 크게 달라진 것은 파견사원이나 계약직, 위탁업체 직원들일지 모른다고 오오타는 회고한다. JAL철학 가운데 강조되어온 '한사람 한사람이 JAL이라는 생각'을 스스로 체화하면서 재건을 향한 일체감이 생겨났다. 또한 현장의 젊은 직원들 사이에서도 자발적 학습모임이 퍼져나갔다.

의식개혁의 측면과 더불어 경영방식의 변혁도 진행되었다. 경영상의 수치를 가시화하고, 이를 바탕으로 전 사원이 참여하는 경영을 실천해 나갔다. 이나모리 류의 아메바 경영이다. 공통경비나 고정비를 분석하여 불필요한 경비를 철저하게 제거한다. 경영회의를, 경영방식 혁신을 위한 실천의 장으로 삼아 간부들에게 질문을 퍼부으면서 수치에 기반을 둔 경영을 뿌리내리게 했다.

한편, 이나모리는 현장을 방문해 수치에 입각한 현장의 자발적 노력에 힘을 실어주었다. 이렇게 해서 경영철학과 수치에 기반한 전원 참여형 경영이 정착되었다. JAL회생극은 이나모리 류 경영이 지닌 보편성을 여실히 증명하는 것이었다.

기업인수의 철칙

나가모리는 M&A의 제왕이라는 별명을 지니고 있다. 이제껏 60건이 넘는 국내외 인수합병을 모두 성공시켰다. 이는 인수합병의 성패를 좌우하는 세 가지 철칙을 완고하게 지키고 있기 때문이다.

첫 번째는 가격이다. "Nidec에는 나가모리식 기업가치 평가방식이 있는데, 우선 이에 맞지 않는 M&A건에 대해서는 사지 않는다."고 말했다(M&A 온라인 2017년12월 1일). 이를 위해서는 타이밍도 중요하다. 1990년대 버블 붕괴를 계기로 국내 적자기업을 적극적으로 인수했다. 그리고 리먼 쇼크 이후에는 해외 기업의 인수를 빠른 속도로 전개했다. 인수합병에 있어서도 위기를 기회로 삼는 나가모리식 마술이 유감없이 발휘되었다.

두 번째는 PMI(Post-Merger Integration)이다. 나가모리식 경영방식을 인수기업에 이식하여 고수익 기업으로 탈바꿈시킨 후, 과거와는 차원이 다른 규모 확장을 실현해 나간다. 나가모리는 인수합병 그 자체보다 인수 후 통합의 달인이다. 성공적 통합이야말로 자사의 비연속적 성장을 지속적으로 견인해온 원동력이 되었다. 예를 들어, 2003년에 인수한 산쿄정밀기계제작소(현 Nidec 산쿄)의 경우를 보면 나가모리는 매주 2박 3일을 나가노에 있는 산쿄정밀의 본사로 출근하며 자신의 경영스타일을 철저히 주입했다.

"나는 망한 기업의 인재를 사는 것이지 그 회사의 자산을 사는 것이 아니다."라고 나가모리는 말한다(『정열 · 열의 · 집념의 경영』).

"경영을 제대로 못해 기울어진 회사라도 여전히 인재는 남아 있다. 경영이 좋지 않기에 사기가 떨어져서 있을 뿐이다. 그런 기업을 사서 분위기를 바꾸고, 의식도 바꾸고, 사기를 높여, 재건하는 것이 나의 경영입니다."

이를 위해 인수 대상의 조건으로 그 회사의 사풍이 우리와 맞는지, 최고경영자가 회사를 더 크게 만들고 싶어하는지를 중요시한다. 적자 회사를 인수하는 경우에도 정리해고는 하지 않는다. 그 대신, 인수 직후 판에 박은 듯 철두철미하게 착수하는 활동이 있다. 나가모리의 경영 기법 중 '3Q6S'라고 불리는 것들이다.

3Q란 세 가지 품질, 즉 직원의 품질, 회사의 품질, 그리고 제품의 품질을 말한다. 좋은 기업이 되기 위해서는 좋은 제품을 만들어 내지 않으면 안 된다. 그리고 이를 위한 기반이 바로 직원의 질이다.

6S는 직원의 질을 향상시키는 기본 활동이며, 이는 정리(seri), 정돈(sedon), 청결(seketu), 청소(seiso), 예의(saho), 범절(situke)을 말한다.

나가모리는 6S의 철저한 실천이야말로 일류기업의 기본조건이라고 굳게 믿고 있다. 이를 위해 간부를 포함한 전사원이 맨먼저 화장실 청소부터 시작한다. "속았다 생각하고 한번 따라해 봐"라고 나가모리는 말한다. 실제로 이를 실천하다보면 기업은 저절로 살아나고 새로운 성장궤도에 올라서곤 한다.

단기간에 해치우는 것이 바로 나가모리 마술의 진가이기도하다. "일본에서라면 1년이면 할 수 있다."고 나가모리는 단언한다. 다만 문화나 풍토, 가치관이 다른 해외에서는 좀 더 시간이 걸린다고 한다. "아시아라면 2년, 유럽이라면 3년, 미국에선 5년은 걸린다."고 한다.

인수합병의 성패를 좌우하는 세 번째 요인은 시너지 추구이다. 인수한 기업과 Nidec의 사업들을 유기적으로 결합하여 덧셈이 아닌 곱셈으로 부가가치 향상을 실현한다. 예를 들어, EV용 구동모터 E-Axel은 현재 동사가 주력하고 있는 분야 중 하나이다. 이 복잡한 모터를 전자적으로 제어하는 기술을 확보하기 위해, 2014년 자동차용 전자제어시스템 제조업체인 혼다 엘레시스(현 Nidec 엘레시스)를, 2019년 오므론의 차량용 사업(현 Nidec 모빌리티)을, 2021년 미쓰비시 중공업의 공작기계 사업을 인수했다.

"Nidec에는 빈틈 메우기 구매라는 전략이 있다." "성벽은 대개 큰 돌들로 쌓기 마련이지만 큰 돌 틈 사이에 작은 돌들이 공간을 채우게 된다. 그래야 지진이 일어나도 성벽이 무너지지 않는 것이다. 큰 돌들을 지탱하는 작은 돌에 해당하는 회사를 2~3개 사들이는 것이 바로 메우기 구매 인수이며, 이것이 수익의 원천이 되곤 한다. 어떤 회사를 사야 큰 돌들이 견고해질 수 있는지 생각하며 사들인다. 예를 들어, 주요 부품인 고정자를 외부에서 사들이는 모터 제조기업은 권선기 제조업체를 인수할 것인데, 이것이 바로 메움재가 되어 큰 돌들을 더 튼튼하게 만든다."(M&A온라인 2017년12월 1일)

"전, 실패하지 않아서요"라는 TV드라마 닥터X(외과의사 다이몬 미치코)의 대사를 나가모리는 농담처럼 자주 입에 올린다. 원래 성공할 때까지 집념을 가지고 해내는 성격이니, 나가모리의 사전에 실패라는 두 글자는 없다.

그래도 M&A라는 것은 불확실성이 크다. 어찌 보면 실패하는 것이 당연시되기도 한다. 특히 국경을 넘나드는 인수합병의 경우, 프리미엄을 정당화할 수 있는 사례는 세계적으로 보아도 4건 중 1건이 될까 말까인 것이 현실이다. 이 같은 현실 속에서 나가모리가 늘 성공을 거두고 있는 데에는 앞서 언급한 세 가지 철칙을 엄격히 지키고 있기 때문이다.

이나모리와 나가모리는 비록 서로의 스타일은 다르지만 사람을 중심에 두고, 경영의 기본 축을 결코 흔들지 않는다는 점에 있어서 놀라울 정도로 닮은 구석이 있다.

미래를 개척하다

이 책을 집필하는 시점에서 이나모리는 89세, 나가모리는 77세이다. 안티 에이징 시대가 머지않은 가운데, 두 사람은 여전히 새로운 세상을 개척해 갈 것으로 보인다. 이나모리 경영과 나가모리 경영의 공통점은 현상 유지에 안주하지 않고 변화를 일상적인 것으로 받아들이고 이를 통해 진화를 계속해 간다는 점이다. 이 장에서 다룬 사건들을 되돌아보는 것만으로도 두 리더가 다가올 미래를 예견하는 듯하다. 필자는 여기서 세 가지 확실한 미래상에 대해 언급하고자 한다.

첫째, 상식적인 통념에 얽매이지 않고 자신의 손으로 미래를 개척해 나가는 것이다. 이나모리는 '지적 바바리안'으로 남을 것이며, 나가모리는 '지적 하드워크'를 모토로 삼고 있다. 그리고 두 사람 모두는 세상에서 불가능하다고 여겨지는 일들에 목숨을 걸고 도전해 왔다.

이렇게 말하면 일본에서는 마치 쇼와 시절 사람들 같다고들 생각하기 십상이다. 그러나 스티브 잡스나 마윈(잭 마)의 경영철학도 본질적으로 이들과 다르지 않다. 오히려 워라밸을 표방하는 최근의 일본이야말로 반세기 전 영국병을 연상시키는 국민병에 걸려 있다고 봐야 할 것 같다. 일본 기업들은 두 사람의 경영 사상의 본질을 이해하고 하루빨리 '과거의 나태함'에서 깨어나지 않으면 안 된다.

두 번째, 세상의 표면적 흐름에 휩쓸리지 않는 점도 두 사람의 공통점이다. 물건 중심에서 체험 중시로의 전환, 각광받는 서비스 경제로의 이행, 금융 자본주의와 디지털 자본주의 역시 현대병의 대표적인 예이다.

그러나 이나모리도 나가모리도, 그렇기 때문에 더 더욱 사물과 사람의 희소가치를 강조한다. 교세라나 Nidec도 부품 제조업체다. 그들의 부품이 없다면 스마트폰도 EV도 움직일 수 없다. Saas[5]도 Maas[6]도 물적 기반이 결여되어서는 의미조차 갖지 못한다. 돈이나 데이터와 같은 비트(bit)의 힘만으로 본질적인 변화를 만들어 낼 수는 없다. 현실의 세계를 바꾸기 위해서는 사물과 사람이 지닌 파워가 필수적인 것이다.

물론 사물도 인간도 비트(bit)의 힘으로 파워업(power-up)되어야 할 필요가 있다. 교세라나 Nidec이 제공하는 사물들에도 소프트웨어가 자체 내재되어 '생각하는 하드웨어'로 진화해 가야 할 것이다. 인간도 디지털의 힘을 빌려 더 큰 시야를 가지고 미래를 내다보는 힘과 상상력을 갈고 닦아야 한다. 물론 이들 두 선구자 또한 가상과 현실의 세계를 융합해가며 새로운 미래를 열어 나갈 것이다.

---

5) Saas: Software as a service
6) Maas: Mobility as a service (역자주)

두 사람 모두 인간의 가능성은 무한하다고 믿는다. 따라서 선진국에 만연되어 있는 '성장 한계론'에는 동의하지도 않는다. 하지만 그렇다고 진보주의에 빠져 있지만도 않다. 이나모리는 '이기에서 이타로'라는 패러다임의 전환을 계속 설파한다. 나가모리는 '자연과의 공생'의 필요성을 이야기한다.

그것은 선형적 진보도 아니고, 원형적 순환도 아니다. 말하자면 나선형의 진화이다. 신 교토 학파의 생물학자 후쿠오카 신이치(福岡伸一)가 주창한 '동적 평형'이란 말로 바꿔도 좋을 것이다. 그리고 그것은 생명체가 살아가기 위한 본질적인 역학이기도 하다. 두 사람은 앞으로도 환경과 건강을 고려한 질적 성장을 계속 지향해 갈 것이다.

신일본류

둘째로, 이들은 일본의 전통적 가치관을 축으로 삼아 이를 세계에 전파해 나갈 것이다. 쇼와시대 경이적 성장을 이루며 세계를 놀라게 했던 일본이 그 후 30년간 갑작스런 부진의 이유는 무엇인가? 첫 번째 이유는 독자적 일본식에서 세계표준으로 경영의 중심축을 전환한 탓이다.

원래 세계표준이란 건 지구상 어디에서도 존재하지 않는다. '글로벌 스탠더드'라는 말은 이국적인 것들에 대해 비굴할 정도로 자신을 맞춰왔던 일본인들이 만들어낸 일본식 영어단어에 불과하다. 그런데도 버블붕괴 이후 경쟁전략론이나 욕구선동형 마케팅론 등 서구로부터 직수입한 경영모델에 안이하게 편승하였다. 최근에도 디지털사고, 파괴적 이노베이션, 코퍼레이트 가버넌스, 양손잡이 경영 등 구미발 각종 모델이 중구난방으로 일본 내에서 기승을 부리고 있다.

모두가 경영의 본질을 잘못 파악하고 있으며, 구미에서는 이미 오래 전에 폐기처분된 모델이라는 것조차 모르고 있다. 이야말로 비극을 넘어 서글픈 코미디 수준이라 하겠다. 이 같은 후진적 구미 찬양주의에 빠져 있는 한 일본 기업의 부활은 불가능하다.

일본의 미래를 개척한 역사적 리더들은 모두 일본 고유의 가치관을 근간으로 삼았다. 앞서 언급한 『대표적 일본인』의 군상이 그렇다. 논어와 주판을 외치며 일본형 자본주의의 초석을 다진 시부사와 에이치가 그렇다. 전후 초토화된 땅에서 일어나 수도철학(水道哲学)을 내세워 세계인의 삶의 질 향상을 위해 노력한 마쓰시타 고노스케가 그러하다.

그리고 이 책의 두 주인공도 마찬가지다. 시류를 타는 유행어 따위에는 전혀 휘둘리지 않고, 스스로의 가치관에 입각해 본질을 통찰하고 있다.

올바른 윤리관을 바탕으로 삼고 원리원칙에 따르는 것이다. 사람의 힘을 믿고, 계속 격려하며 -. 언뜻 보기에는 소박한 경영이념으로 보일 수도 있으나 세태에 휩쓸려가는 획일적 일본 기업이 많은 가운데 불역(不易)을 견지하는 두 사람의 경영철학은 이채를 띠고 있다. 게다가 그 가치관이 고도(古都) 교토에서 지금도 살아 숨 쉬는 일본 고유의 문화와 사상을 바탕으로 삼고 있다는 사실은 이미 언급한 바이다.

이나모리의 경영철학은 중국의 경영자들 사이에게도 많은 신봉자를 두고 있으며 나가모리의 경영철학을 소개한 『일본전산 이야기』(김성호, 2009)는 한국에서 베스트셀러가 되었다. 이나모리가 중국의 고전에서 많은 인생철학을 배웠고, 나가모리가 삼성이나 엘지그룹 창업자에게서 경영철학을 배웠다는 점을 고려하면, 앞으로 구미형과는 다른 아시아형 경영모델이 세계에서 주목받을 가능성이 높다. 그리고 이나모리와 나가모리는 자신들의 경영철학의 교조이자 전도사로서 앞으로도 교토에서 아시아로, 그리고 세계로 그들의 철학을 발신해 나아갈 것이다.

필자가 언급하고자 하는 세 번째 미래상은 경영을 미래의 축으로 삼으면서 크게 한 걸음 더 나아가는 것이다.

이나모리는 경영을 넘어 사람의 삶의 방식과 사회가 나아가야 할 방향에 대해 끊임없이 이야기하고 있다. 그는 1997년 65세에 출가한 뒤에도 신앙의 세계에 안주하지 않았으며, 노승 단세츠로부터 다음과 같은 가르침을 받았다. “승려란 수행을 쌓아도 좀처럼 사회에 영향을 끼칠 수 없지만, 당신에게는 도를 닦아 실사회를 위해 공헌한다는 부처님의 길이 놓여 있다.”(『稲盛和夫의 철학』, 2001) 구순을 눈앞에 두고 있는 이나모리이지만 앞으로도 세계와 일본이 본질적으로 안고 있는 과제에 대해 고민하면서 깊은 통찰력을 바탕으로 해결의 실마리를 거듭 제시할 것이다.

All for Dreams

2021년 나가모리는 갑자기 6월 예정의 주주총회에서 CEO를 퇴임하겠다고 선언해 세상을 떠들썩하게 했다. 후임으로는 1년 전 닛산자동차에서 스카우트한 세키 쥰 사장(COO)을 지목했다.

기자회견에서 나가모리는 다음과 같이 심경을 밝혔다. “회사의 매출비중이 자동차 관련으로 옮겨가고 있다. 비즈니스는 점점 변화하고 있으며, 회사를 더욱 성장시키는 것이 중요하다. 경쟁력을 강화하며 속도감 있는 경영을 이어가기 위해 (CEO를) 이관하려 한다. CEO는 경험을 쌓아야 하는데 후임 사장의 육성에 힘쓰고 싶다. 나는 앞으로도 대표이사 회장으로서 미래를 구상하고 실현해 나가는데 주력할 것이다.”(2069년 매출액 100조엔 목표) “새로운 50년 계획을 실현하기 위해서는 125세까지 살아야 한다.”(TV도쿄 ‘캄브리아 궁전’,

2020년 7월 23일 방송)는 생각에는 변함이 없다.

JAL재생 프로젝트에 참가할 당시의 이나모리보다 12살이나 적은 나가모리는 앞으로도 경영의 최일선에서 나가모리 마술을 펼쳐줄 것임에 틀림없다.

또한 그는 대학 교육에도 열정을 쏟고 있다. 교토 첨단과학대학을 세계 교육의 중심지로 만들겠다는 의욕을 보이고 있는 것은 앞서 언급한 바와 같다.

필자와의 대담에서도 그는 다음과 같이 말했다.

"젊은이들에게 꿈을 갖게 하고, 꿈의 실현을 위해 지원해주지 않는다면 일본은 망할 것입니다. 특히 지금과 같은 불확실성의 시대에는 꿈을 가지고 스스로 미래를 개척해 나갈 수 있는 사람이 아니라면 사회에는 별 도움이 되지 않습니다. 그래서 저는 교토 첨단과학대학도 학생의 꿈을 실현시키는 대학을 목표로 삼고 있습니다."

"저는 학생들에게 '사회에 나가 바로 현장에서 활약할 수 있는 기술과 지식을 이 대학에서 익힐 수 있도록 교육한다', '성적만으로 학생을 선발하는 회사는 선견지명이 없으므로 지금은 비록 작더라도 앞으로 성장할 회사에 들어가라', '그렇게 할 수 있는 안목을 가르쳐 주겠다', '창업을 하고 싶다면 앞으로 비즈니스 스쿨도 만들 테니 여기로 오라 나도 강의를 하러 갈 테니까'라고 이야기를 합니다. 그렇게 말을 건네면 학생들은 점점 더 진지한 표정을 지으며 몰입해

갑니다. 모두가 밝은 미래를 그려가는 이야기를 알기 쉬운 말로 들려주는 것이 리더의 중요한 역할이라고 생각합니다."(『다이아몬드 하바드 비즈니스 리뷰』, 2020년9월호)

이나모리는 색깔이 있는 꿈을 꾸어야 한다고 말한다. 그래야 현실로 만들고자 하는 의욕이 더욱 솟아나기 때문이라 한다. 나가모리는 All for Dreams를 Nidec의 로고로 내걸고 있고 꿈은 반드시 실현될 수 있다고 믿고 있다. 두 사람이 그려가는 미래의 꿈은 어떤 형태로 이루어져 갈 것인가? 코로나 사태가 해결된 후 이들이 제각각 달라진 새로운 일상세계를 펼쳐갈 것이 벌써부터 기대된다.

제3장 리더의 본래 모습

악귀인가 부처인가

이번 장에서는 두 리더의 본래 모습을 조명해 보려고 한다. 사실 두 사람 모두는 양면성을 가진 리더이며 이 같은 점은 다양한 측면에서 엿볼 수 있다.

우선, 인격적인 면을 들여다보면 언뜻 이들이 이중인격이 아닌가 의심하고 싶을 정도다. 마치 악귀와 부처가 한데 머물고 있는 듯한 인상이다.

불문에 입적한 이나모리는 근자에 부처님의 얼굴을 보여줄 때가 많다고 하지만 그의 경영 철학 속에는 악귀의 면모가 자주 얼굴을 내민다.

이나모리는 '소선대선(小善大善)'이라는 불교용어를 자주 인용한다. 이는 상사와 부하의 관계에서도 자주 언급되는데 "자신의 가치관 없이 그저 부하에게 영합하는 상사는 겉으로는 부하사랑이 깊은 듯도 보이겠지만, 결과를 놓고 보면 부하를 망치고 마는 경우가 적지 않다. 이를 '소선(小善)'이라고 하는데 '작은 선은 큰 악을 닮았다'고 하는데, 피상적인 부하사랑은 단지 부하자신을 불행하게 만들 뿐이다. 이와는 반대로 신념을 갖고 엄격하게 부하를 지도하는 상사는 다들 꺼려하는 대상이 되기 십상이지만, 장기적으로 보면 부하를 크게 성장시키는데, 이것이 바로 '대선(大善)'이라 한다. 진정한 애정이란 어떤 것이 진정 상대방에게 좋은 것인지 엄격하게 따져보아야 할 것이다."(『교세라 철학』, 2004)

이나모리는 "꾸짖어야 할 때는 모질게 마음먹고 악귀처럼 몰아부쳐야 한다."고 늘 자기 자신에게 일러 왔다고 강조한다. 악귀에 부처가 깃들어 있다고 믿기 때문이다.

이 같은 이나모리에 한 술을 더 떠 악귀의 형상을 보여주고 있는 이가 바로 나가모리이다. 그는 1년에 365일을 근무한다고 호언장담을 마다하지 않는 '일 귀신'인데, 그의 또 다른 신조는 '꾸짖을 때는 인정사정 보지 않는다'는 것이다.

"간부가 가지고 온 서류나 도면이 부실하다고 다들 지켜보는 앞에서 찢어 버린 적도 있고, 일반사원들에 대해서도 윽박지르고 꾸짖어 가며 가르쳐 왔다. 대충 대충으로 끝나는 법이 없다. 상대를 부들부들 떨게 하고, 더 이상 꾸짖었다가는 언젠가 밤길에 뒤에서 칼로 찔릴지도 모르겠다는 그야말로 한계치까지 질책한다."(『사람을 움직이는 사람이 되라!』)

하지만 단순히 감정에 치우쳐 분노를 폭발시키는 것은 아니다. 직원 개개인의 성격과 개성을 파악하고, 어떻게 꾸짖어야 그들의 마음속에 잠재하고 있는 투쟁심이나 승부욕에 불을 붙일 수 있을까 늘 고민한다. '기대가 크기 때문에 그만큼 꾸짖는 것'이라고 한다.

"상사로부터 혼나지 않는 직원은 삼류 이하이고, 하루 다섯 번 혼이 난다면 이류, 열 번 혼이 난다면 비로소 제 밥값을 한다고 말해도 좋다."는 것이 나가모리의 지론이다.

하지만 꾸짖은 후 최소한 세 배의 애프터 케어를 원칙으로 삼고 있다고 한다. 때론 칭찬일색의 편지를 보내기도 한다. '꾸짖고 칭찬하고' - 그야말로 악귀와 부처다. 그리고 그것이 나가모리식의 애정의 표현이며, 사람을 움직이게 하는 비결이기도 하다.

철학인가 과학인가

이 같은 양면성은 이념이란 측면에서 볼 때 합리주의와 이상주의가 동거하고 있음을 알 수 있는데 과학과 철학, 혹은 이성과 감성에 있어서도 마찬가지이다.

이나모리 경영의 근간은 Philosophy, 즉 철학이다. 철학이란 '인간은 무엇을 위해 살아가는가'를 묻고, '인간으로서 옳은가 그른가'를 판단하는 기준이라고 이나모리는 말한다. "인간으로서 잘못된 것은 아닌지, 윤리와 도덕에서 벗어난 것은 아닌지, 나는 이 점을 살아가는 데 있어 가장 중요한 일이라 생각하고, 평생을 통해 필사적으로 지키려고 노력해 왔다."고 말하고 있다(『살아가는 법』). 그런 생각을 정리해 둔 것이 바로 『교세라 철학』이다. 교세라의 철학은 크게 네 가지로 구성되어 있는데 ① 훌륭한 인생을 보내기, ② 경영의 마음가짐, ③ 모두가 한 사람 한 사람의 경영자, ④ 일상 업무를 해 나가기 위해 지켜야 할 원칙이 그것이다. 이나모리 경영의 원점이자 이나모리이즘의 경전이기도 하다.

"이 같은 명확한 판단 기준이 있었기 때문에 나는 교세라, KDDI, 그리고 일본항공의 경영에까지 반세기 이상에 걸쳐 판단의 그르침 없이 각 회사를 성장 발전시킬 수 있었다."고 이나모리는 책의 서문에서 회고한 바 있다.

이 철학과 짝을 이루는 것이 '아메바 경영'이다. 철학이 중심 줄기라면 아메바 경영은 뻗어나간 신경에 해당된다. 직원을 6~7명의 소집단(아메바)으로 나누고, 소집단별로 시간당 수익의 극대화를 목표로 삼는다.

이나모리는 아메바 경영을 다음과 같이 설명한다.

"아메바 경영이란 조직을 소집단으로 나누어 시장에 직결된 독립채산제로 운영하며, 경영자 의식을 가진 리더를 사내에서 육성함과

동시에 전 직원이 경영에 참여하는 '전원참여 경영'을 실현하는 수단이다."(『아메바 경영』, 2006)

교세라가 대기업화하는 과정에서 그 폐단을 피하기 위해 이나모리가 독자적으로 만들어낸 것이다. JAL의 회생도 JAL philosophy와 함께 '아메바 경영'이 경직된 조직에 생명력을 불어넣는 원동력이 되었다. 아메바 경영의 본질에 대해서는 다음 장에서 자세히 설명하고자 한다.

일견 겉으로 보기에는 양 극단의 이념인 합리주의와 이상주의를 경영의 근간으로 삼고 멋지게 이를 융합시킨 것이 이나모리 경영의 진수이다. 이나모리는 말한다.

"비즈니스의 세계에서는 철저한 합리주의자이지만, 그 외의 세계에서는 낭만주의자이며, 형이상학적 사고가 가능한 인간이 되지 않으면 안 된다. 이 같은 양면의 조화가 이루어지지 않는다면 일류 경영자는 될 수 없다."(『교세라 philosophy』)

심지어 그는 현대의 과학만능주의에 경종을 울리며 철학으로에 회귀를 설파한다.

"현대 사회에서는 사물을 과학적으로 해석하는 것만을 중시하고, '좋은 인간, 좋은 세상을 만들기 위해서 어떤 생각을 하고 어떤 철학을 세워야 좋을 것인가'하는 부분이 잊혀지고 있는 것은 아닐까."(『이나모리 가즈오의 철학』)

꿈과 낭만

한편, 나가모리는 철학 같은 딱딱한 말보다 심금을 울리는 부드러운 말들을 선호한다. 예를 들어 꿈 그리고 낭만이 그것이다.

"왜 성장하지 않으면 안 되는가?"라는 물음에 그는 다음과 같이 대답한다.

"성장이 지속되지 않는 기업은 망하거나, 현상 유지로 활력을 상실해버린 채 연명해 갈 수밖에 없다. 거기엔 어떤 꿈도 로망도 존재하지 않는다."(『도전의 길』, 1997)

또한, IQ보다 EQ가 더 중요하다고 나가모리는 입버릇처럼 말한다. 아무리 IQ(능력)가 높다고 해도 성과는 기껏해야 다른 사람보다 5배 정도겠지만 EQ(의식)가 높은 직원은 100배 이상의 성과를 내곤 한다.

"중요한 것은 EQ가 후천적으로 개발 가능하다라는 것이다. IQ는 유전적 요인이 상당히 관련되지만, EQ는 교육이나 환경을 통해 근육처럼 단련할 수 있다."(『프레지던트 온라인』 2010년 5월 10일자)

Nidec은 창립 초기부터 3대 정신을 내걸었다. '정열 · 열의 · 집념', '지적 하드워킹', '즉시, 반드시, 될 때까지'가 그것이다. 상당히 체육회식 근성론으로 들릴 수도 있다. 그러나 그것이 바로 나가모리의 EQ 단련법이다.

하지만 정신론만으로 경영을 할 수는 없다. 나가모리는 여기에 독자적인 경영기법을 가미했다. '나가모리 3대 경영기법'이라고 불리는 것이다. '우물파기 경영', '가계부 경영', '쪼개기 경영'의 세 가지다. 각각 매우 상식적인 원리 원칙을 철저하게 다듬어낸 것인데 이 경영방식에 대해서는 후술하고자 한다.

나가모리는 경영자에게 다음과 같은 자질을 요구하고 있다.

"꿈과 낭만을 이야기하는 것과 마찬가지로 조직의 힘, 가능성을 구체적 수치로 머릿속에 새겨두는 것, 이것이 경영자의 첫 번째 조건일 것이다."(『도전으로 가는 길』)

한편, 젊은이들에게는 다음과 같은 당부를 전한다.

"낭만과 꿈을 한꺼번에 실현하려 하면 정말이지 어렵다. 우선은 자신의 인생을 작게 쪼개어 작은 것부터 차근차근 해 나가는 것이다."(『도전으로 가는 길』)

이나모리는 이상주의와 합리주의의 양립을 이야기하고, 나가모리는 꿈과 낭만과 숫자의 양립을 설파한다. 이는 두 사람만의 공통된 특징이 아니다. 과거 시부사와 에이이치(渋沢栄一)가 주장한 '논어와 주판' 그 자체이기도 하다.[7)]

100년의 세월이 흘렀지만, 일본식 경영의 진수는 놀라울 정도로

---

7) 일본 자본주의의 아버지로 불리는 시부사와는 저서 '논어와 주판'에서 논어의 유교적 도덕적 원칙론(이상)과 주판이라는 사업 수익성(현실)을 함께 논하고 있다(역자주).

일관성이 있다. 글로벌 스탠더드라는 환상에 사로잡히지 않고 두 경영자는 일본식 경영의 원형을 계승하면서 현재 그리고 미래에 이어 나가고 있기 때문이다.

대가족주의

이나모리 경영의 기본 축은 아메바 경영에 있다. 아메바 경영은 모두의 참여를 독려하는 경영이다. 개개인의 자율성을 촉구하며 자기실현을 목표로 삼는다.

그러나 개인을 우선시하는 경영은 아니다. "모두의 힘이 한 방향으로 모였을 때 집단의 목표가 달성으로 이어진다."(『교세라 철학』) 따라서 거기에는 경영에 대한 사명감이 요구된다. 리더에게 요구되는 역할은 구성원들의 벡터를 맞추는 일이다. 어찌 보면 개인주의의 반대 개념이기도 한 '대가족주의'가 핵심이다. 직원 한 사람 한 사람이 가족의 일원으로 책임감을 갖도록 지도해야 한다. 우리 회사가 사회에 기여해야 할 역할은 무엇인지, 자신이 속한 아메바가 수행해야 할 역할은 무엇인지, 그리고 그 속에서 구성원 한 사람 한 사람이 맡아야 할 역할이 무엇인지, 이렇게 항상 상위의 본질적 대의에 연결된 사명감을 모두가 자각해야 한다.

지금 일본에서는 조직 중심형에서 직무 중심형으로의 전환이 유행처럼 번지고 있다. 이른바 신종의 글로벌 스탠더드 병이다. 그러나 그렇게 하면 '대가족주의'라는 일본 기업 고유의 강점을 잃게 될 뿐이다. 한 사람 한 사람이 프로로서의 실력을 연마하면서 '하나의 팀'으로서 행동하는 것을 잊어서는 안 된다.

세계의 선진 기업들은 지금 '대가족주의'를 향해 나아가고 있다. 세계에서 가장 일하고 싶은 회사로 선정된 세일즈포스닷컴(Salesforce.com)은 1999년에 창업한 디지털 네이티브 기업으로, 무엇보다 중요시 여기는 가치가 'Ohana 문화'이다. Ohana는 하와이말로 가족을 뜻한다. 물론 가족주의는 방종이나 방임을 의미하는 것은 아니다. 오히려 기업이 직원들을 가족의 일원으로서 어디까지 돌볼 수 있는지가 주요 관건이다.

"아메바 경영에서는 절대로 현장에 모든 걸 맡겨서는 안 된다."고 이나모리는 강조한다. 리더는 누구보다 거래처와 고객의 현장으로 발로 뛰어다니며 문제 해결에 온 힘을 다해야 한다. 아메바 경영은 다음 메시지로 끝맺음하고 있다.

"회의장이나 현장 등 경영의 모든 국면에서 올바른 판단법과 문제 해결법을 리더가 지도, 교육하며 이를 되풀이함으로써 구성원들과 철학을 공유하며, 모두가 경영자로서 의식을 높여가는 것이 무엇보다 중요하다."

맡기기는 하지만

나가모리는 '규제와 자유'의 양립이 중요하다고 말한다.

"규제하는 것만을 가르치면 거기서 성장이 멈춰 버린다. 그렇다고 해서 방임주의도 안 된다. 어디서부터 어떻게 규제하고 어디까지를 자유롭게 맡겨야 할지에 대한 선을 명확히 긋지 않으면 성장하는 직원을 죽이는 결과를 초래할 수도 있다. 직원 성장의 관점에서 선을 명확히 하는 것도 경영자의 책임이다."(『정열 · 열의 · 집념의 경영』)

그의 어록 중에 '맡기고, 때때로 맡기지 말고'라는 구절이 있다. 글로벌경영 대학에서 나가모리가 이 말을 꺼낼 때마다 외국인들은 한결같이 여우에게 홀린 듯한 표정을 짓는다. 맡기라는 말인가, 맡기지 말라는 말인가, 대체 둘 중 어느 쪽인가? 그야말로 선문답인 셈이다.

나가모리는 이것이 인재를 키우는 비결이라고 말한다. 맡기지 않으면 부하는 크지 않는다. 하지만 모든 걸 맡겨버리면 보이지 않는 곳에서 큰 문제를 일으킨다. 맡긴 다음에도 충분히 챙겨주지 않으면 안 된다. 그러기 위해서는 키울 사람에 대해서 관심을 가져주어야 한다고 말한다.

"항상 무엇을 하고 있는지, 주변에서 슬그머니 정보를 얻어내고,

뭔가 고민하고 있거나 건강상태가 안 좋아 보인다면 바로 불러서 '컨디션은 어때'라고 물어본다. 필요하면 호되게 '야단'을 치기도 한다. 그렇게 함으로써, 죄다 맡기는 것 같지만 실은 다 파악하고 있다는 것을 상대방에게 은연중에 알려두는 것이 중요하다."(『다이아몬드 온라인』 2019년10월7일)

또한 권한 위임과 책임 위임을 혼동하지 말라고 당부한다. 부하직원에게는 주체적으로 일을 진행시켜야 하겠지만, 결과에 대한 책임은 어디까지나 상사가 져야 한다. 부하를 방임해 놓고 나중에 '믿고 맡겼더니 배신당했다'는 식의 책임회피는 그야말로 언어도단이다.

나가모리는 실천(hands on)과 세부(micro) 매니지먼트의 중요성을 설파한다. 이 역시 구미식 경영 방식에 비추어 보면 상당히 이단적인 것으로 보인다. Nidec의 글로벌 경영대학 출신으로 독일 자회사의 최고재무책임자(CFO)를 맡고 있는 폰 바우어에게 "나가모리식 경영과 유럽식 경영의 차이점은 무엇인가?"라는 질문을 하자 그는 다음과 같이 답했다.

"현장을 이해하고 직접 발로 뛰는 실천 매니지먼트를 하는 거죠. 담당직원과 대화를 통해 케어가 필요한 부분을 세밀하게 파악하고 지원합니다. 직원들이 목표를 달성하기 위해서는 지원이 필요합니다. 저는 25년간의 관리경력을 가지고 있지만, Nidec에 입사하기 전이나 지금이나 경영 스타일은 변하지 않았습니다. 세부 매니지먼트와 직원에게 책임을 부여하는 것의 균형이 중요하며, 이는 상대와 상황에 따라 달라집니다. 반면 일반적으로 유럽의 경영자들은 헬리콥터에서 내려와 직원들에게 일을 지시하고 그 후 성과를 기다리는 경우가 많습니다."(다이아몬드 온라인, 2019년 10월 11일)

자율성(맡기고)과 규율(맡기지 않고)의 밸런스를 유지함으로써 경영진과 현장이 하나가 되어 긴장감을 가지고 일을 진행한다. 이것이 바로 나가모리 경영의 정수이며, 이나모리의 아메바 경영의 본질과도 상통하는 부분이다.

현재인가 미래인가 - 원근법적 복안 경영

이나모리는 '우주의 뜻(Something Great)'을 믿는다고 한다. 이는 '모든 것을 행복한 방향으로 진화, 발전시킨다'는 생각이다. 이는 또한 만물에 대한 사랑 그리고 공생이라는 이념으로 이어진다고 한다(『이나모리 가즈오의 철학』).

교세라 철학은 우주의 뜻과 조화를 이루는 마음이라는 가르침에서 시작된다.

"우주의 흐름과 함께하고 조화를 이루는 깨끗한 마음으로 그려내는 아름다운 생각이 운명을 밝게 열어간다."

그렇게 되기 위해서는 시간 축을 길게 가져야 한다. "30년 정도의 기간은 두고 볼 필요가 있다."고 설파한다. 기준시점이 지금이라면 21세기 후반을 시야에 두어야 한다는 것이다.

그러면서도 "나는 장기 경영 계획이라는 것을 세워 본 적이 없다." 고 이나모리 씨는 회고한다.

"오늘을 살지 않고서 내일은 오지 않는다. 내일도 모르는데 5년 후, 10년 앞을 어떻게 예측할 수 있겠는가? 우선은 오늘이라는 하루를 열심히 보내는 것, 그것이 중요하다고 생각한다."(『살아가는 법』)

현재 일어나고 있는 일들에 대해 진지하게 마주한다. 변화가 일상화된 시장에 있어서 과거의 숫자나 미래의 예측은 도움이 되지 않는다. "경영자에게 필요한 것은 회사가 지금 어떤 상태인지, 어떤 조치를 취해야 하는지를 판단할 수 있는 '살아 있는 숫자'이기 때문이다." (『아메바 경영』) 매일매일 수익을 내는 것이 아메바 경영의 기본 원칙이다. 교세라 철학에서도 "매일 숫자를 보지 않고 경영을 하는 것은 계기판을 보지 않고 비행기를 조종하는 것과 같다."라는 구절이 있다. "마찬가지로 하루하루의 경영에서 눈을 떼어버리면 결코 목표에 도달할 수 없다."는 말이다.

30년 앞과 오늘 현재를 동시에 바라본다. 이상과 현실을 직시하고, 둘 사이의 갭을 메우기 위해 전사 임직원이 하나가 되어 변화에 도전한다. 바로 이것이 이나모리 경영에 있어서 진화의 원동력인 것이다.

탄광의 카나리아

나가모리는 훨씬 더 멀리 바라본다. 50년이란 세월이 하나의 목표 기간이라고 한다.

그는 1973년 창업 당시 50년 계획을 세웠다. 당시 세 명에 불과하던 직원들을 앞에 두고 '50년 후 매출 1조 엔을 달성하겠다'고 호언했다. 필자와의 대담에서 나가모리는 다음과 같은 에피소드를 소개한 바 있다.

"당시는 1차 석유파동으로 세상은 불황의 물결에 휩싸여 있었고, 직원들은 '사장님, 금액이 1억 엔을 잘못 말한 것 아니냐'고 되물었다. 5분으로 마칠 직원훈시가 1시간 40분이나 걸렸고, 몇 번이고 '아니야, 1조 엔이야'라고 설명해도 '그런 숫자는 상상조차 못하겠어요'라고 아무도 진지하게 받아들이지 않았다."(『다이아몬드 하버드 비즈니스 리뷰』 2020년 9월호)

실제로는 계획보다 더 빨리, 2015년 매출액 1조 엔을 돌파했고 세계 1위의 모터 제조업체가 되었다. 그래서 2019년에는 제2의 50년 계획을 세웠다고 한다.

"아직 공개하지 않았습니다만 50년 후면 내가 125세인데, 거기까지 살 수 있을지는 오직 천지신령만 아실 겁니다."(전게서)

아울러 좀 더 현실적으로 초점을 맞추고 있는 것은 30년 후라고 한다. 그는 2050년, 세계 인구가 100억 명으로 늘어나면 인간형 로봇이 500억 대 정도는 필요할 것으로 예측하고 있다. 한 대의 휴머노이드 로봇에는 최소 600개의 모터가 필요하고 이를 위해서는 모터의 소형화 및 저전력화가 필수이다. 그래서 당장 지금부터 연구소를 밀어부치고 있다. 필자는 나가모리에게 어떻게 하면 미래를 볼 수 있느냐고 직설적으로 물어본 적이 있다. 나가모리 씨의 대답은 "간단하다. 아는 척하지 말고 전문가나 핵심고객에게 많이 물어보라."는 명쾌한 답이 돌아왔다.

한편으로는 현실의 작은 변화를 포착해 가까운 미래를 예측하고, 조직과 사업구조를 끊임없이 바꾸고 진화시키고 있다. 앞서 언급했듯이, 코로나19 사태에서도 즉각적으로 DPR(Double Profit Ratio) 프로그램을 실천했다. 비용 구조를 철저하게 개선한 데 이어 전략적 투자도 병행함으로써 차세대 성장을 향해 크게 방향을 선회했다.

"사실 작년 가을 무렵부터 그룹 임원들이 모였을 때 내년은 엄청난 해가 될 것이기 때문에 지금이라도 고정비를 낮추지 않으면 힘들어질 것이라는 이야기를 했다. 지금에 와서 '회장님은 신종 코로나가 올 것을 알고 계셨습니까?'라고 묻는 간부가 있는데, 사실 그렇게까지 예상하고 있었던 것은 아니다. 다만, 리먼 쇼크가 발생한 지 작년으로 11년째였고, 이제 또 뭔가 일어날 수도 있다고 생각했다."

"창업자 입장에서는 회사가 곧 내 몸 같아서 어딘가 조금이라도 이상이 생기면 금방 알아차리기 마련인데다 자나 깨나 회사경영만 생각하다보니 절대 회사를 망하게 해선 안 된다는 생각이 머리속에서 떠나지 않는다. 그래서 조그마한 변화의 조짐에도 감이 오는 것 같다."

'마치 탄광 속 카나리아 같군요'라고 필자가 감탄하자 개인투자가들로부터도 그렇게 불릴 때가 있다면서 활짝 웃었다.

"우리 회사는 전 세계의 다양한 산업 분야에 고객과 접하고 있으며, 그런 고객들을 만나면서 다양한 이야기를 듣는다. 그리고 해외직원들에게 직접 전화를 걸어 '고객들로부터 이런 이야기를 들었는데, 사실인가'라고 물어본다. 그래서 그 업계에서 무슨 일이 일어나고 있는지, 세상이 앞으로 어떻게 움직일지 대충은 알 수 있다. '큰 변화가 닥쳐온다'는 확신이 들면 대담하게 투자하는 것이다."

줌 인과 줌 아웃을 끊임없이 반복하며 사회와 경제의 장기적인 파동과 단기적인 변화를 동시에 포착하며, 이 두 가지를 긴밀하게 연계시킨다. 다가오는 미래로 이어지는 내일을 개척해 나가는 것이다. 이것이 바로 이나모리 경영과 나가모리 경영의 공통된 시간축의 경영이다. 필자는 이를 '원근 복안경영'이라 부른다.

대다수의 기업들이 작성하고 있는 중기 경영계획 위주의 경영에는 이 같은 장기 비전과 마이크로 매니지먼트가 결정적으로 결여되어 있다. 그래서는 큰 사업기회를 잡지 못할 뿐 아니라, 눈앞의 변화에도 민첩하게 대응할 수 없다. 원근법 경영에 대해서는 다음 장에서 자세히 설명하고자 한다.

화(和)의 사상

악귀인가 부처인가, 철학인가 과학인가, 규율인가 자율인가, 그리고 현재인가 미래인가 등은 모두가 양자택일을 강요하는 질문들이다. 그러나 지금까지 살펴본 바와 같이, 이나모리도 나가모리도 이런 디지털적 사고에는 동의하지 않는다. 어느 쪽이 우선이 아니라 둘 다 중요하기 때문이다. 'Or'가 아니라 'And'의 발상인 것이다. 바로 시부사와의 '논어와 주판'으로 통하는 일본적 경영 사상의 근간이다. 세계 경영의 최전선에서도 최근 들어 사회적 가치와 경제적 가치의 양립을 동시에 추구하는 CSV(creating share value) 경영이 주목받고 있다.

자본주의는 경제적 가치를 우선시하는 양자택일의 디지털적 발상에 사로잡혀 기능부전에 빠졌다. 『위대한 개츠비』 등 20세기 미국 자본주의의 광란을 그린 작가 피츠제럴드는 다음과 같은 명언을 남겼다.

"일류 지성인이란 양 극단의 생각을 동시에 취하면서도, 이들을 정상적으로 작동시킬 수 있는 인간이다."

이나모리는 이 명언을 인용하여 다음과 같이 말하고 있다.

"대담함과 세심함은 서로 모순되는 것이지만, 이 양 극단을 동시에 취할 때 비로소 완벽한 일처리가 성립될 수 있다. 양 극단을 조화시킨다는 것은 '중용'을 말하는 것이 아니다. 날실이 대담하다면 씨실은 섬세한 것처럼 서로 상반되는 것이 번갈아 나타난다. 대담하게 일을 역동적으로 진행할 수 있는 동시에, 세심하게 처리함으로써 실패를 미연에 방지할 수 있다."(『교세라 철학』)

교토의 니시진오리(西陣織)는 날실과 씨실이 엮어내는 예술이다. 따뜻한 광택이 나는 질감과 원사 염색 직물 특유의 깊이를 자아낸다. 이나모리 류는 이 니시진오리의 전통과도 통하는 교토의 경영 철학이다. 이나모리는 이를 교토를 넘어 일본, 그리고 세계로 전파하고 있다. 예를 들어 JAL 철학에는 '양극단을 아울러 맞춰라'라는 항목이 있다. 이는 교세라 철학이나 KDDI 철학에서는 언급되지 않은 구절이다. 합리성과 인간성이라는 상반된 성질을 함께 반영하여 어느 한쪽에도 치우치지 않으며, 단순히 중간값을 취하는 것도 아니다. 때로는 합리적으로, 때로는 인간답게, 상반된 성질을 적절히 활용하는 것이 중요하다고 가르친다.

역발상의 경영

나가모리도 TPO[8]에 맞추어 양 극단을 적절히 활용하는데 능숙하다. 예를 들어, 꿈과 낭만과 위기의식을 상대방의 경력에 맞게 재배합한 후 이야기를 풀어간다.

일반직원 : 위기의식 30%, 꿈과 낭만 70%
주 임 급 : 위기의식 50%, 꿈과 낭만 50%
부과장급 : 위기의식 70%, 꿈과 낭만 30%
임 원 급 : 위기의식 90%, 꿈과 낭만 10%

또한, 상대의 자신감 수준에 맞춰 능수능란하게 대응한다. 저서 『사람을 움직이는 사람이 되라!』 중에서 '사람을 움직이는 비결은 보리 밟기와 같다'는 지론을 전개하고 있다.

보리가 뿌리를 단단히 내리기 시작하면 밟아서 더욱 튼튼하게 만들어야겠지만 아직 뿌리를 내리지 못한 보리 싹에는 감동, 감격이라는 거름을 아낌없이 줌으로써 튼튼한 뿌리(자신감)를 내릴 수 있도록 해야 한다.

역경을 헤쳐 나가기 위한 역발상 또한 나가모리 경영의 한 방식이

8) TPO : Time(시간), Place(장소), Occasion(상황) (역자주)

다. 팀워크와 협동성을 중시하는 최근의 풍토에 대해, 나가모리는 그렇게 하면 결단력, 지도력이 둔화된다고 쓴 소리를 토로한다. 일본 사회에는 전문 경영인을 육성하는 시스템이 전혀 뿌리내리지 않고 있다고 비판하면서, 어릴 때부터 영재교육의 필요성을 강조한다. 또한 앞서 필자와의 대담에서도 "위기일수록 리더는 기회를 찾고 꿈을 이야기해야 한다."며 나가모리식 언법을 피력했다.

동적 평형

세상의 상식에 휩쓸리지 않는다는 점에서 두 사람의 경영 사상은 일치하고 있다. 그러나 그렇다고 이들의 사상은 비(非) 상식도 아니고 초(超) 상식도 아니다. 이나모리는 마쓰시타 고노스케와 마찬가지로 진솔한 마음의 중요성을 설파한다. 어떤 무엇에도 얽매이지 않는 마음이다. 나가모리는 원리원칙에 입각해 당연한 것을 당연하게 실천해 나가는 것이야말로 경영의 비법이라 말한다.

서양식 변증법은 테제(正)에 대해 안티테제(反)를 내세우고, 나아가 이들을 통합(合)하는 새로운 지평을 추구한다. 아우프헤벤(지양)이라고 불리는 논리적 도약이다. 이에 반해 이나모리 류와 나가모리 류는 테제와 안티테제를 병존시켜 양자가 엮어내는 복합계를 옳음(是)으로 받아들인다. 니시다 철학에서 말하는 절대 모순적 자기 동일성의 세계이다. 또는 후쿠오카 생물학에서 말하는 동적 평형(動的平衡)의 세계이다. 진정한 교토 기원의 경영철학이라 하겠다. 그리고 양자택일의 디지털적 이율배반을 넘어선 화(和)의 사상이야말로 지금 새로운 일상(new normal)으로 향하고 있는 전 세계가 주목해야 할 이념이 될 수 있을 것이다.

제2부

MM 경영의 실체

제4장 아메바 경영의 본질

MM DNA의 이중구조

이나모리의 위대함은 기업의 창업과 재생을 3차례나 실현했다는 사실이다. 세계적인 기업이 된 교세라의 창업, 일본전신전화공사(현 NTT)의 대항세력이 된 KDDI의 설립, 그리고 일본의 대표 국적항공사인 JAL의 재생에 이르기까지 전혀 다른 업계에서 그것도 규모가 상상을 초월한다. 실로 엄청난 드라마를 당대에 연출한 카리스마 경영자이다.

게다가 어떤 경우에도 이나모리 경영의 본질은 전혀 흔들림이 없었다. 어느 기업에도 이나모리의 DNA가 고스란히 녹아들어 있다. 여느 생물의 DNA가 그러하듯, 이나모리의 DNA 또한 사슬이 이중 나선구조로 얽혀 있는 듯하다. 하나의 사슬은 그의 철학이며 또 다른 하나의 사슬은 아메바 경영이다.

하지만 그것만으로는 이 두 개의 사슬이 어떤 역할을 하고 있는지 알 수는 없다. 그래서 이나모리를 매료시킨 나카무라 텐푸(中村天風)를 인용해 사람의 몸에 빗대어 보면 다음과 같은 비유가 떠오른다.

철학은 인체에 비유하자면 간뇌에 해당한다고 할 수 있다. 좌우의 대뇌반구의 틈새, 즉 중앙부에 위치하여 감각신경이 집중되어 시냅스를 형성하는 시상과 생리적 평형(호메오스타시스)의 중추인 시상하부로 구성되어 있다. 말하자면 자율신경의 중추인데 기업의 자율적 활동을 통합하는 역할을 담당하고 있다.

반면 아메바 경영은 몸 전체에 퍼져 있는 자율신경에 비견된다. 순환기, 소화기, 호흡기 등의 활동을 조정하기 위해 24시간 내내 작동하는 신경군이다. 신체 활동 시 또는 낮에 활성화되는 교감신경과 휴식 시 또는 밤에 활성화되는 부교감신경으로 구성되어 있다. 이 두 신경의 균형이 무너진 것이 자율신경의 교란이다. 아메바 경영은 이처럼 기업의 자율적 활동을 촉진하는 역할을 담당하고 있다.

철학이 존재하지 않는다면 기업은 통합적으로 움직일 수 없게 되고, 아메바 경영 없이는 자율적 활동이 어렵게 된다. 앞서 언급했듯이, 이나모리 경영의 핵심은 통합과 분산, 규율과 자율이라는 이항대립을 하나로 뭉치게 하는 포용력과 그 깊이에 있다. 이를 위한 구조가 바로 철학이며 아메바 경영인 것이다.

많은 기업들이 훌륭한 이념을 내걸고 있다. 필자가 한때 몸담았던 미쓰비시 그룹은 3강령을 내세운다. 소기봉공, 처사광명, 입업무역(所期奉公, 處事光明, 立業貿易)의 세 가지다. 30년도 훨씬 넘은 시절의 이야기지만 지금도 기억하고 있는 걸 보니 대단한 세뇌력이기도 하다. 하지만 미쓰비시 그룹의 한 사람 한 사람이 얼마나 스스로 3강령의 이념을 체화하고 있는지는 의문이다.

또한, MVV로 세분화하고 있는 기업도 많다. MVV는 Mission(사명), Vision(미래상), Value(가치관)을 일컫는다. 하지만 홈페이지 상에 나열된 멋진 말들을 경영간부들조차도 자신의 말로 표현할 수 있는 사람은 많지 않다. 하물며 현장의 사람들에게는 그저 듣기 좋은 뻔한 말로만 들릴 뿐이다.

이나모리 경영에서는 '한 사람 한 사람이 바로 경영자'라는 교육을 철저히 받으며 또한 이를 위해서 저마다가 '소용돌이의 중심이 되라'는 가르침 또한 받는다. JAL의 기업회생 사례에서도 '우즈츄(渦中)'라는 명칭으로, 현장에서의 행동지침으로 각인되어 있다.

물론 정신론만으로는 기업이 움직이지 않는다. 그래서 실천론으로 아메바 경영이라는 체계를 준비하는 것이다. 이 두 가지가 함께 맞물릴 때 비로소 이나모리 경영이 지향하는 미래를 향해 자율적이고 통합적으로 나아갈 수 있게 되는 것이다.

실천철학으로서의 필로서피

그럼 먼저 철학에 대한 개요를 살펴보자. 각 계열기업들은 제각각 교세라 철학, KDDI 철학, 그리고 JAL의 철학이 주된 선율로 후렴이 되풀이된다. 거기에는 당연히 각 기업마다 조금씩 다른 신념들이 녹아 들어가 있다.

예를 들어, 교세라에서는 '손가락이 베일 정도의 제품을 만든다'는 생각이다. 교세라의 제품은 '만지면 손가락이 베일까 두려울 정도로 흠집을 찾을 수 없는 제품'이어야 한다. 거기에다 '제품이 스스로를 말하는 목소리에도 귀 기울여라'는 겸허한 자세가 요구된다. 제품에 대한 깊은 사려가 있을 때 비로소 제품의 목소리가 들려온다고 한다. 자신이 만든 제품을 껴안고 같이 자고 싶을 정도로 녀석에게 애정을 쏟지 않으면 안 된다고 교육받는다.

KDDI의 철학은 "이어짐은 마음이며 웃는 얼굴이다."라는 구절로 시작된다. 사람과 사람을 연결시키는 일을 본업으로 삼는 통신회사다운 마음가짐이 녹아 있다. IoT시대의 도래는 사람과 사물, 사물과 또 다른 사물이 서로 교감하는 그런 세상을 만들어가야 할 것이다.

JAL의 철학에는 '최고의 바통 터치'를 강조하고 있다.

"고객님에게 안전하고 쾌적한 창공으로의 여행을 제공하기 위해 스태프 일동이 바통을 이어가듯 전원이 고객분들께 최선을 다해야 한다. 사원 한 사람 한 사람이 '최고의 바통 터치'를 의식하고 직종을 불문하고 연계를 통해, 보다 나은 서비스를 제공할 수 있도록 노력해야 한다."

JAL의 서비스 수준이 이전과 비교할 수 없을 정도로 좋아진 것은 이 철학이 모든 직원들에게 스며들었기 때문일 것이다.

한편, 이들 세 회사의 철학에는 많은 공통점이 있다.

각 사 모두 마음을 기점으로 삼고 있다. 솔직한 마음, 아름다운 마음, 감사하는 마음 등이다. 타인을 위하는 마음도 3사 철학의 공통축이 되어 있으며 경영철학 이전에 인생철학의 색채가 짙다.

경영의 원칙론도 공명정대하게 이익을 추구한다, 고객 제일주의를 견지한다, 높은 목표를 추구한다 등이 공통적으로 언급되고 있다. 업무에 대해서도 원리원칙에 따른다, 조그마한 노력들을 쌓아간다, 스스로 의욕에 불타오른다, 능력은 반드시 진보한다, 작은 선(善)은 큰 악(惡)을 닮고, 큰 선은 비정함을 닮는다 등이 공통으로 담긴 내용들이다.

교세라 철학에는 없지만, KDDI와 JAL의 철학에 포함되는 항목이 하나 있다. 속도감을 인식하며 결단하고 행동한다는 것이다. 벤처정신이 왕성한 교세라에서는 당연한 행동 원칙이었을 것이다. 그러나 엘리트 의식이 강하고 대기업 병에 빠져들기 쉬운 양사에게는 의도적으로 명심할 필요가 있었을 것이다.

NTT출신으로 KDDI의 4대 사장이 된 오노데라 타다시(小野寺正)는 다음과 같이 회고하고 있다.

"이나모리 씨는 곧잘 '철학의 필요성을 제대로 이해하지 못하고 있는 건 바로 당신들 인텔리 관리자들이야!' 내용이 상식적 얘기다 보니, 겉으로만 읽다 보면 '그런 건 그저 당연한 얘기'라고 생각들 하겠지만 정작 실천할 수 있는 사람은 많지 않아!"라고 얘기했고, 정말이지 그 말이 맞았고, 나 자신도 그랬다. 진가가 어렴풋하게나마 나타나기 시작한 건 KDDI의 사장이 되었을 무렵이었던가?(닛케이신문, 나의 이력서 2020.10.29)

이 말에는 철학의 본질이 잘 집약되어 있다. 철학에는 "당연한 것들을 얼마나 진솔하게 실천하는가?"가 요구된다. 오노데라는 "읽어보고 그저 안다고 생각할 것이 아니라 철학의 내용을 자신의 피와 살로 삼아, 혼란스럽고 불투명한 앞날 일수록 무엇을 해야 할 것인지, 경영과 인생의 지침으로 삼아야 할 것"이라고 말한다.

사람을 기본 축으로 삼는 아메바 경영

아메바 경영은 이나모리 경영의 또 다른 대명사다. 철학이 왜(Why)와 무엇(What)을 말하는 것이라면, 아메바 경영은 어떻게(How)를 명확하게 제시하고 있다.

아메바 경영은 쉽게 말해 6~7명의 소집단(아메바)으로 팀을 나누고, 각 아메바별로 시간당 수익의 극대화를 꾀하는 것이다. 거기에는 '매출 최대화에 경비 최소화'라는 심플한 경영을 이해시키려는 이나모리의 기본이념이 일관되어 있다.

이 아메바형 조직을 전세계의 선진 기업들이 앞다퉈 채택하고 있다. 구글은 팀당 구성원을 5명으로 짜는 것을 원칙으로 한다. 마치 농구팀처럼 모두가 게임의 진행에 따라 유연하게 움직일 수 있도록 하기 위함이다. 아마존 닷컴의 '피자 두 판의 배달 규칙'도 잘 알려져 있다. 팀이 배달용 피자를 주문할 때, 2판이면 충분할 인원으로 팀원을 제한한다. 미국 피자는 크긴 하지만, 팀원은 많아야 5~7명 정도가 될 것 같다.

이나모리는 아메바 경영에 다음과 같은 세 가지 목적이 있다고 말한다(『아메바 경영』).

① 시장과 직결된 부문별 채산제의 확립

② 경영자 의식을 가진 인재의 육성

③ 전원 참가 경영의 실현

이 가운데 가장 중시한 목적은 ②에 있었다고 이나모리는 회고한다. "손오공처럼 제 몸의 털을 뽑아 한 번 불기만 하면 간단히 자신의 분신이 몇 명이라도 만들어진다면 좋겠다고 진지하게 생각해 만들어 낸 아이디어였다."(『다이아몬드 하버드 비즈니스 리뷰』, 2015년 9월호)고 한다.

아메바 경영을 실천하는 데 있어 몇 가지 기본 규칙이 있다. 첫째, 사원 개개인이 자신이 속한 아메바의 주역이라는 자각을 갖는 것이다. 이를 통해 각자가 일을 '남이 시켜서 하는 일'이 아닌 '내가 알아서 하는 일'로 인식하게 된다. 그리고 이것이야말로 경영자 의식을 높이는 최고의 시스템인 것이다.

둘째, 시장과 직결된 부문별 시간당 채산제를 확립하는 것이다. 부문별로 수입과 경비를 실시간으로 파악하는 것은 관리회계의 기본이다. 여기에 시간 축을 고려함으로써 직장에 긴장감과 속도감을 만들어내는 것이 아메바 경영의 탁월한 점이다.

셋째, 시간당 수익의 극대화를 위해 각 부서가 지혜를 짜내는 것이다. 이를 위해서는 당연히 매출 증대, 비용 절감, 시간 단축이라는 세 가지 연립방정식을 풀지 않으면 안 된다.

그 중에서도 핵심은 가격 결정이다. 아메바 경영에서는 '가격 결정이 곧 경영'이라고 가르친다. 그리고 가격 결정과 코스트 다운을 연동시킨다. 영업부문과 제조부문이 시장과 직결될 때 비로소 연계가 가능해진다.

구미식 경영관리의 함정

제조업에서는 오랫동안 제조에 소요되는 원가를 미리 산정하는 표준원가 방식이 채택되어 왔다. 또한, 하버드 비즈니스 스쿨의 로버트 캐플란(Robert Caplan)이 1984년 발표한 논문이 계기가 되어 활동기준원가계산(Activity Based Costing), 즉 활동량에 따라 비용을 배분하는 방식이 보급되었다. 이를 통해 간접비, 나아가 서비스업의 표준원가를 산출할 수 있게 되었고 이러한 표준원가와 실제 원가의 차이를 분석하여 비용 절감을 꾀하는 것이 '과학적' 경영기법이라고 여겨져 왔다.

그러나 이러한 분석 과잉의 서구식 기법이 일본 기업의 경쟁력을 약화시키는 요인이 되었을 가능성이 높다. 최대의 약점은 이 같은 기법이 어차피 비용을 쌓아 올리는 방식에 불과하다는 점이다. 부가가치는 비용 + 알파로 결정되는 것이 아니라 시장가격과 비용의 차이에 의해 결정되기 때문이다. 볼륨 존은 비용 경쟁력이 앞서는 신흥국의 추격으로 인해 시장 가격에 맞춰 비용 구조를 근본적으로 재편하지 않는 한 이익이 나지 않는다.

유럽과 미국 업체들처럼 프리미엄 존에서 경쟁하려면 부가가치를 시장에 어필하여 가격을 올리는 것부터 시작해야 한다. 그러나 많은 일본 기업들은 그러한 마케팅 스킬을 갖추지 못해 가격을 올리지 못한 채 고품질에도 불구하고 이익이 나지 않는 구조에 빠져 들고 말았다.

일본 기업이 미국식 회계학에 탐닉한 또 하나의 실책이 바로 BSC(Balanced Score Card 균형 성과 카드)의 도입이다. 역시 캐플런 등이 1992년 발표한 관리회계 체계로, 전략과 비전을 재무에만 국한하는 것이 아니라 고객, 직원 등 다각적 관점에서 정량적으로 분석하여 성과 평가로 연결하려는 것이다.

당시 일본뿐 아니라 각국기업들이 너도나도 뛰어들었지만, 그 결과 실제로 성과를 올렸다는 이야기는 들어본 적이 없다. 너무 복잡한데다, 애초에 수치로 관리하겠다는 발상 자체가 인간에 대한 근본적인 통찰력을 결여하고 있었기 때문이다.

아메바 경영은 이 같은 미국식 경영방식의 본질적 결함을 넘어선 방식이다. 우선 시장가격(판매가격)에서 출발하여, 비용은 여기에 맞춰 제조현장에서 만들어 내놓아야 한다. 이나모리는 아메바 경영의 우위를 다음과 같이 말한다.

"아메바 경영의 제조 부문은 표준원가 방식처럼 원가만을 추구하는 것이 아니라, 제조업체 본연의 모습인 스스로의 창의적인 발상으로 제품의 부가가치를 창출하는 것에 주안점을 두고 있다. 이 점에서도 아메바 경영은 기존의 관리 회계에 대한 생각을 근본적으로 개혁한 참신한 경영 시스템이라고 할 수 있다."(『아메바 경영』)

또한, BSC와 같은 복잡한 계량화를 통해 인간을 꼭두각시처럼 조종하려는 생각과는 정면에서 배치한다. 아메바 경영의 두 가지 큰 원칙에 어긋나기 때문이다. 먼저 '경영은 단순하게'라는 원칙에 위배된다. 그리고 성과주의는 사람의 마음을 소중히 여기는 이나모리 철학에도 위배되기 때문이다. "나는 예전부터 경영자는 인간 심리에 대한 뛰어난 통찰력이 필요하다고 생각했다. (중략) 성과주의에서는 실적이 나빠져 개개인의 수입이 줄어들면 많은 직원들이 불평과 원망, 시기심을 가지게 되므로 장기적으로 보면 오히려 사내 분위기를 황폐화시키는 결과를 초래한다. (중략) 아메바 경영에서는 단기간의 성과로 개인의 보상에 극단적 차이를 두지는 않지만, 모두를 위해 열심히 일하고 장기적으로 성과를 낸 사람에 대해서는 그 실력을 정당하게 평가하고, 승급, 상여금, 승진 등의 처우에 반영하고 있다."(『아메바 경영』)

물론 아메바 경영에도 과제는 남아있고 이 점에 대해서는 본장의 뒷부분에서 고찰하고자 한다.

성공 방정식

이나모리 경영의 본질을 간단하게 나타낸 방정식이 있다.

"인생 · 업무의 결과 = 사고방식 × 열의 × 능력"

이 중 '열의'와 '능력'은 0점에서부터 100점까지 있고, '사고방식'은 마이너스 100점부터 플러스 100점까지 있다고 한다. 그리고 이들의 곱셈에 따라 결과가 나오게 된다. 능력이 있다는 건 물론 좋은 일이지만 그렇다고 해서 그것만으로는 충분하지 않다. 보통의 능력만으로도 누구보다 열의를 갖고 노력하면 훨씬 뛰어난 성과를 낼 수 있다.

또한 능력은 '미래진행형'으로 보는 것이라고 설파한다.

"'어떻게든 꿈을 실현시키겠다'고 굳게 믿고 진지하게 노력한다면 능력은 반드시 향상되고 길은 열린다."(『아메바 경영』)

사고방식이 올바르고 열정이 있으면 능력은 향상시킬 수 있는 것이다. 즉, 능력은 독립 변수가 아니라 사고방식과 열정의 종속 변수이기 때문이다.

열정에 대해 이나모리는 사람을 세 가지 유형으로 나눈다. 불기를 가까이 들이대면 비로소 타 들어가는 가연성, 불기를 가까이 들이대도 타지 않는 불연성, 스스로 타오르는 자체 연소성의 세 가지 유형이다.

"불연성 인간이라면 우리회사에서 없어도 그만이다."라고 부하 직원들에게 자주 말했다고 한다. "너희들은 스스로 타오르는 성격을 지닌 인간이 되었으면 좋겠다. 그렇지 못하다면 적어도 불타는 인간이 다가오면 함께 타오르는 가연성 인간은 되어 주었으면 좋겠다."(『살아가는 법』)

그렇다면 어떻게 하면 자체 연소성 인간이 될 수 있을까? 가장 좋은 방법은 일을 좋아하게 되는 것이라고 설파한다. "어떤 일이든 최선을 다해서 끝까지 해낸다면 큰 성취감과 자신감이 생기고, 다음 목표에 도전하고 싶은 의욕이 생기게 된다. 이와 같은 반복 속에서 더욱 일을 좋아하게 된다. 그렇게 되면 어떤 노력도 고통으로 느껴지지 않게 되고, 좋은 성과를 거둘 수 있게 된다."(전게서)

하지만 결과를 가장 크게 좌우하는 것은 사고방식이다. 아무리 능력과 열의가 높아도 사고방식이 잘못되어 있다면 크게 마이너스의 결과를 낳기 때문이다.

이나모리는 능력을 재능과 같이 보아도 좋다고 말한다. 그리고 재능이 있는 자가 그 재능 탓으로 망할 수 있음을 경계한다. 재능을 살릴 수 있느냐 없느냐는 사고방식에 달려있다.

사고방식은 마음이라는 말로도 바꿔 읽을 수 있을 것이다. 좋은 마음이냐 나쁜 마음이냐에 따라 결과는 천차만별이다. 그렇다면 좋은 마음이란 무엇인가? 이나모리는 『교세라 철학』에서 10가지 특성을 꼽았다.

① 항상 적극적이고 건설적일 것

② 함께 일하려는 협동심을 지니고 있을 것

③ 밝은 인간일 것

④ 긍정적 인간일 것

⑤ 선의로 충만할 것

⑥ 배려심이 있고 친절할 것

⑦ 성실 정직 겸손하며 노력가일 것

⑧ 이기적이지 않고 과욕을 부리지 않을 것

⑨ "충분함"을 알고 있을 것

⑩ 감사의 마음을 지니고 있을 것

절대모순적 자기동일

성공의 방정식과 10가지 특성에 대해서는 3사 모두 철학에 포함시키고 있다. 하지만 '사고방식'을 알고 있다는 것만으로는 의미가 없다.

지식으로서 얻은 것이 자신의 피와 살이 되게 함으로써 어떤 상황 하에서도 바로 행동으로 옮길 수 있도록 하지 않으면 안 된다.

그리고 아메바 경영이 업무 속에서 성공 방정식을 자율적으로 체득해 나가게 하는 장치가 된다. 그런 의미에서 성공 방정식이야말로 경영 철학과 아메바 경영을 관통하는 이나모리 경영의 진수라고 할 수 있다.

이는 사실 동서고금의 가르침과도 일맥상통한다. 플라톤은 가치의 원천이 진선미(眞善美)의 세 가지라고 말했다. 진은 능력, 선은 생각,

미는 열정에 가깝다. 아리스토텔레스는 사람을 움직이기 위해서는 에토스, 파토스, 로고스의 세 가지 요소가 불가결하다고 했다. 에토스 = 생각, 파토스 = 열정, 로고스 = 능력으로 바꿔 해석할 수 있다.

이렇게 그리스 철학이 요소 분해한 것을 통합적으로 재구성한 이가 앞서 소개한 니시다 기타로이다. 니시다는 진선미란 궁극적으로 동일한 것의 세 가지 다른 측면에 불과하다고 보았다.

"자기 자신을 제대로 알고(知), 정(情)에 힘을 다한 후에야 비로소 진정한 인격적 요구, 즉 지성(至誠)이 나타나기 때문이다."(니시다, 『선의 연구』, 2006)

이나모리의 성공 방정식은 니시다 철학의 가르침에 가장 근접한 것이라고 할 수 있다. 이나모리 경영도, 앞서 언급한 세 가지 요소가 곱셈을 통해 하나의 지성이 나타난다. 니시다 식으로 말하자면 "절대 모순적 자기동일"의 세계이다.

원조 호론경영

그동안 차세대형 조직모델로 여러 가지 모델이 제창되어 왔다. 대표적인 것으로는 호론형과 청록형이 있다. 결론부터 말하자면, 아메바 조직은 이들 모델에 선행하는 조직모델이라고 할 수 있다. 호론(holon)은 헝가리 출신의 소설가 아서 케스트러가 만든 말이다.

'전체자(全體子)'로 번역되며, 개체와 전체의 유기적 조화를 의미한다. 생물은 환경의 변화에 유연하게 대응하면서 각 세포가 자율적으로 활동하면서 전체의 조화를 유지한다.

이 호론의 개념을 기업 경영에 적용시킨 것이 '호론 경영'인데 필자의 선친인 나와타로(名和 太郎, 당시 아사히신문편집위원)가 『호론 경영 혁명』(1985)에서 제창한 모델이다. 조직 전체와 조직에서 일하는 개인이 각자의 역할을 담당하고, 환경 변화에 대응하면서 전체와 개인 모두를 활성화시키는 기업활동을 목표로 한다.

호론 경영은 크게 다음과 같은 세 가지 점에서 우수하다.

① 지식 생산에 합당한 조직과 업무에 적합한 점
② 복잡한 환경과 여러 사업 분야에 걸친 업무에 적합한 점
③ 기업 내에서 기업가를 육성하는 점

이들은 사실상 아메바 경영의 특징 그 자체이기도 하다. 실제로 나와타로는 호론 경영의 모델 기업으로 교세라를 꼽았다.

생명체로서의 청록색 조직

최근 청록형 조직이 주목받고 있다. 맥킨지 시절 필자의 동료인 프레데릭 라루가 『청록 조직』(2018)에서 제창한 조직 모델이다.

라루는 조직형태의 진화를 다음과 같은 5가지 색상으로 표현했다.

- 빨 강 : 충동형 (예: 늑대 무리)
- 노 랑 : 순응형 (예: 군대)
- 오렌지 : 성취형 (예: 기계)
- 그 린 : 다원형 (예: 가족)
- 청 록 : 진화형 (예: 생명체)

20세기는 오렌지형 조직이 우세했지만, 21세기는 그린형과 청록형 조직이 추구되고 있다. 그러나 그린형은 인간관계를 중시하는 유토피아적 세계로, 그것만으로는 가혹한 현실로부터의 도피 행각이 될 수 있다. 그래서 환경변화에 대응하여 개체와 전체가 공진화해 나가는 청록형 조직이 바람직하다고 강조한다.

청록형 조직은 크게 세 가지 요건을 충족시켜야 한다고 한다. 즉, ① 자율경영(Self Management), ② 호르네스(전체성), ③ 진화의지(Evolutionary Purpose)의 세 가지이다.

이 모델은 새로운 것처럼 보이지만, 사실 호론형의 재탕에 불과하다. 그리고 일본에서는 이미 아메바 조직이 반세기이상이나 실천되어 왔다. 이나모리의 경영모델이 얼마나 선진적이며 세계에 통용되는 것임을 새삼 실감하게 된다.

우주의 2가지 법칙

지금까지 이나모리 경영의 정수를 개괄적으로 살펴보았다. 철학과 아메바 경영을 축으로 한 이나모리 경영은 반석 위에 놓여있는 것처럼 보인다. 그러나 한편으로는 아직 풀지 못한 과제도 엿보인다. 여기서는 철학, 아메바 경영 각각에 있어서 본질적 과제를 짚어보고자 한다.

철학에 있어서는 애초에 올바름과 선이란 무엇인가를 계속 물어야 한다. 예를 들어, 20세기는 진보와 성장을 목표로 삼았다. 그 시대에 있어서는 그것이 옳고 선이었다고 할 수 있다. 그러나 이대로 욕망 경제가 폭주하고 디지털 경제가 성장을 가속화해 나간다면 성장의 한계가 현실화될 것이다. 어떻게 지속 가능한 성장으로 궤도를 수정할 수 있을 것인가가 전세계적 차원에서 요구되고 있다.

철학에서도 '높은 목표를 가진다'는 것이 명시되어 있다. 하지만 그 목표가 규모나 재무적 수치만으로는 부족하다. 경제적 가치와 함께 사회적 가치의 실현 또한 요구된다. 더 정확히 말하면, 사회적 가치의 실현이야말로 '대의'이며, 경제적 가치, 즉 이익은 그것을 실현하기 위한 수단이다. 그렇다면 가치관이 다양화되는 가운데 사회적 가치란 무엇인가를 진지하게 묻지 않을 수 없을 것이다.

이나모리는 우주에는 두 가지 법칙이 있다고 말한다. 성장 발전의 법칙과 조화의 법칙이다. 무턱대고 성장만 추구하면 우주의 균형이 깨지고 그 끝에는 쇠퇴와 파국이 있다. 이를 피하기 위해서는 "성장을 거듭할수록 조화가 중요해진다."고 한다.

이는 기업에만 그치지 않고 국가 그리고 개인의 과제이기도 하다. 지금이야말로 경제성장 지상주의를 대체할 새로운 국가이념과 개인의 살아가는 지침을 만들어 내어야 할 시기이다. 이 중차대하고 무엇보다 현 상황에서의 과제에 대해서는 종장에서 다시 논하기로 하자.

자율에서 이종 결합으로

아메바 경영에 남은 과제는 어떻게 하면 생명체처럼 진화를 지속할 수 있느냐 하는 것이다. 또한 기업이기 때문에 어떻게 하면 경제성을 지속적으로 확보할 수 있느냐 하는 것이다.

지금까지 조직과 경제성의 관계는 크게 두개의 축으로 이해되어 왔다(그림 1 참조). 세로축은 규모의 경제(Economies of Scale)와 범위의 경제(Economies of Scope)인데 대기업이나 복합기업군들이 추구하는 경제성이다. 반면 가로축은 기술의 경제(Economies of Skill)와 속도의 경제(Economies of Speed)로 중소기업이나 벤처기업이 우위를 지닌 경제성이다.

[그림 1] 창의형(Collective Brain) 네트워크 조직으로의 진화

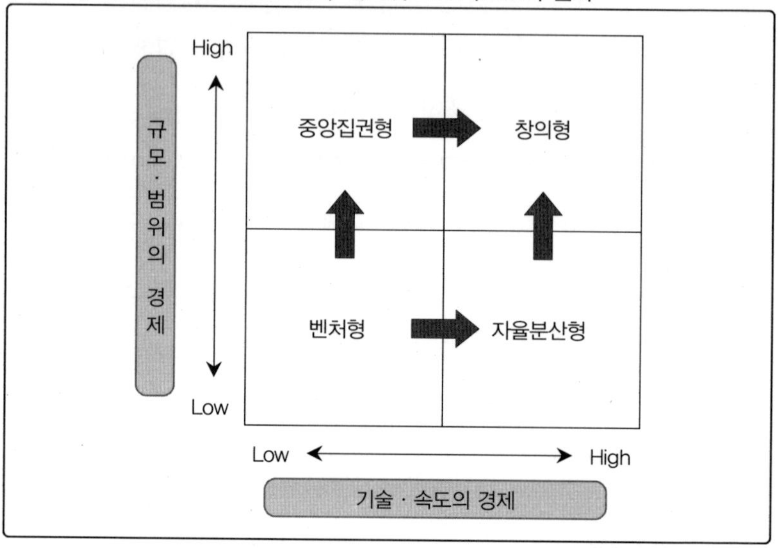

일반적으로 기업은 성숙해짐에 따라 수직축의 방향으로 나아가는 경향이 있다. 그러나 그 결과 기술의 독창성과 속도를 희생하게 되고 만다. 그림으로 치면 왼쪽 상단의 영역이다. 이른바 대기업병이다.

그러나 교세라는 중소기업이나 벤처기업으로서의 강점을 계속 유지할 수 있었다. 그것은 가로축 방향으로 진화할 수 있었기 때문이다. 그림의 오른쪽 아래 영역이다. 반면, 어쩔 수 없이 규모와 범위의 경제는 희생되기 마련이다. 결과적으로 각각이 자율적으로 분산된 중소기업의 집단이 되고 마는데, 이를 '아메바 경영의 함정'이라 부른

다.

이러한 폐해를 이나모리는 처음부터 잘 알고 있었다. 아메바 경영에서는 부분 최적화에 빠지지 않도록 항상 '회사 전체를 위한다'는 의식을 강하게 요구해 왔다. "리더는 같은 회사에서 일하는 동지로서 회사 전체의 시야에 서서 '인간으로서 무엇이 옳은가'라는 점을 판단 기준으로 삼아야 한다. 자신의 아메바를 지키고 발전시키는 것이 전제이지만, 동시에 회사 전체를 우선시하는 이타적인 마음을 갖지 않으면 아메바 경영을 성공시킬 수 없기 때문이다."(『아메바 경영』)

여기서도 개인과 전체의 윈윈(win-win)을 목표로 하는 고도의 균형 감각이 요구된다. 그리고 그것만이 호론형, 청록형 조직의 기본이며 아메바 경영의 요체이기도 하다. 반대로, 앞서 언급한 것과 같은 함정에 빠진다는 것은 아메바 경영의 본질을 제대로 이해하지 못한 탓이다.

이해관계의 충돌보다 더 심각한 문제는 어떻게 아메바를 넘어 지혜를 유통시킬 것인가 하는 점이다. 경제학자 슘페터는 혁신은 새로운 결합에서 나온다고 보았다. 필자는 이를 이종(異種)결합으로 이해하고 있다. 이질적인 지혜가 결합하는 것이 핵심이기 때문이다.

이종결합은 동질적인 아메바 안에서는 생겨나지 않는다. 아메바라는 세포의 벽을 넘어, 더 나아가 자사조직의 벽을 넘어 자유롭게 지혜를 결합할 수 있는 장소가 필수적이다. 아메바 조직은 표면적이

넓다는 것이 장점이 되긴 하지만, 각각의 소집단이 자신의 울타리를 넘어 자유롭게 움직이기에는 물리적 한계가 있다.

교세라의 사장인 타니모토 히데오(谷本秀夫)는 인터뷰에서 다음과 같이 언급했다.

"교세라는 1959년 창업 이후 사업 확장으로 아메바가 점점 분화되어 각 사업부문에 상명하복의 문화가 생겼다. 제품을 대량으로 생산하던 고도 성장기에는 그것이 기능했지만 이제는 주문형에 가까운 대응이 필요하다. 지금의 체제에서는 사업본부가 따로따로 운영되면서, 성장하는 사업부에 대해 그렇지 못한 사업부가 인력을 충원해주는 일들이 기동성 있게 이루어 지지 않고 있다."(니혼게이자이신문 2021년 3월 3일자)

자율분산형 아메바 경영의 한계가 교세라에서조차 나타나기 시작한 것 같다. 이에 따라 2021년 4월부터 16개 사업을 코어 컴포넌트, 전자부품, 솔루션 등 3개 부문(세그먼트)으로 집약시키고, 각각에 세그먼트 장이 되는 임원을 두기로 했다.

"조직 관리에서는 아메바 경영을 계속하겠지만, 앞으로는 아메바를 서로 가져다 붙이거나 떼어내기도 하면서 자원을 주고받을 필요가 있다. 세그먼트 장이 자신의 부서 내에서 인원을 재배치시킬 수 있도록 하겠다."

그러나 그것만으로 세그먼트를 초월한 자유자재의 이종결합을 만들어내기는 아직 어렵다. 이 과제를 해결할 수 있는 수단이 바로 디지털 네트워크이다. 디지털을 활용하면 다른 아메바뿐만 아니라 외부의 이질적 집단과도 자유롭게 연결되어 공생 관계를 구축할 수 있다. [그림 1]에서 오른쪽 상단의 창의형(Collective Brain)이라는 위상이다.

아메바 경영은 이처럼 디지털의 힘을 활용하면 이항대립에서 이항합일로 크게 나아갈 수 있을 것이다.

제5장 **나가모리 전략의 참뜻**

나가모리 3대 정신

나가모리는 자신의 인생철학과 경영철학을 3대 정신으로 내세우고 있다.

① 정열 · 열의 · 집념

불타오르는 정열, 끓어오르는 열의, 어려움에 맞서는 집념의 정신이다. 동명의 책자에서 나가모리는 "운이라는 것은 일하고, 또 일하면서, 끌어당기는 것"이라고 말했다. 또한 다음과 같은 명언도 남겼다.

"일을 실현할 수 있느냐 없느냐는 먼저 그것을 하려는 사람이 '할 수 있다'고 믿는 데서부터 시작된다. 스스로 '할 수 있다'고 믿었을 때 그 일의 절반은 이미 끝난 것이다."(『사람을 움직이는 사람이 되라!』)

나가모리도 이나모리처럼 인간에게는 자체연소성, 가연성, 불연성의 세 가지 유형이 있다고 생각한다. 그러나 자체연소성 인재를 나가모리답게 '성냥 인간'이라고 부른다. 이 성냥 인간을 10%로 늘리고, 불연성 인간을 10% 이하로 줄이면 기업을 크게 변화시킬 수 있다고 말한다.

그렇다면 어떻게 하면 성냥 인간이 될 수 있을까? 나가모리는 해답은 하나라고 말한다. "뜻을 높게 품는 것" 즉 "태초에 원대한 뜻이 있어야 한다."이다.

② 지적 하드워킹

첫 번째 목표를 실현하기 위해서는 다른 차원의 일하는 방식이 요구된다. "지식과 시간을 결합하여 싸운다면 결국은 반드시 승리할 것을 믿고 행동한다."(『도전의 길』)고 했다.

일찌기 혼다 소이치로(本田宗一郞)는 다음과 같은 명언을 남겼다.

"하나님께서는 시간만은 평등하게 주셨다. 이를 어떻게 유효하게 사용하느냐는 그 사람의 재능이며, 이를 잘 활용하는 사람이 이 세상의 성공자다."

나가모리도 열심히 일하는 것만이 '기업 성장의 원리 원칙'이라고 말한다. "미국(그리고 최근 중국)에는 일본인을 능가하는 하드워킹으로 자신의 로망에 도전하고 있는 젊은 기업인들이 많다."

③ 당장 하라, 반드시 하라, 될 때까지 하라

혼다 소이치로는 "해보지도 않고서"라는 명언으로 유명하다. 뜬구름 잡는 소리를 하기 전에 일단 해보라는 것이다. 나가모리는 거기에 덧붙여 "될 때까지 계속한다."고 한다. 참으로 나가모리다운 집념이다. 제2장에서도 소개했듯이, "전, 실패하지 않아서"라는 닥터 다이몬 미치코의 대사를 나가모리는 입에 달고 다닌다. "왜냐고요? 그건 성공할 때까지 절대 포기하지 않기 때문이야." 나가모리는 즉단과 즉결을 모토로 삼고 있다. 본인에 따르면 한 가지 결정에 소요되는 시간은 3초라고 한다. 이를 매일 300건씩 처리한다고 한다. 물론 모든 결정이 정답일 수는 없다. "스모와 같아서 15번의 승부 중 8승 7패라면 승이 패를 능가한 것이 된다. 경험치가 쌓이면서 승률은 높아져 최근에는 13승 2패 수준이다."라고도 말한다.

"역시, 실패도 하고는 계시는군요?"라고 무심코 질문을 던지자 "실패에서 제대로 배울 수 있다면 그것은 확실한 성공의 길로 이어지는 것이다."이라고 되받아친다.

실리콘밸리의 구글은 실패할 적마다 축하를 한다는 이야기가 유명하다. 실패로부터 배움으로써 방향전환을 하는 계기가 되기 때문이다. 나가모리는 이 같은 노력을 50년간 일관되게 해왔다. 그렇기에 국지전에서는 다소의 실패가 있긴 하겠지만 큰 승부처에서는 승승장구하는 것이다.

지적 하드워킹

이 같은 3대 정신 중에서도 나가모리 경영을 가장 두드러지게 하는 것이 지적 하드워킹이다. 창업 초기에는 '남들보다 두 배로 일한다'는 것을 모토로 삼았다. 그야말로 물리적 하드워킹이다. "현재의 Nidec은 창업 초기와 같은 젊음에 의존하는 무모한 하드워킹은 점차 사라지기 시작했다. 그렇다고 하드워킹의 간판을 내린 것은 아니다. 육체를 혹사하는 하드워킹에서 조금씩 두뇌를 혹사하는 지적 하드워킹으로의 전환이 진행되어 왔다."

나가모리가 『정열 · 열의 · 집념의 경영』에서 이렇게 적은 것은 벌써 2005년의 일이다.

그리고 2016년 갑자기 "2020년까지 잔업 제로를 달성하겠다."고 선언해 일본을 깜짝 놀라게 했다. 하지만 자세히 들어보면 '열심히 일하는 데 더욱 박차를 가하겠다'는 결연한 의지의 표현이었다는 것을 알 수 있다. 『닛케이비즈니스』의 편집장 인터뷰 중에 "열심히 일하는 것이 잘못된 것이 아니라 생산성이 낮은 채 장시간 일하는 것이 문제다."라고 얘기하고 있다.

"지금 우리의 생산성은 독일 기업에 비해 거의 절반 수준이다. 따라서 생산성을 두 배로 늘리지 않으면 잔업 제로화를 할 수 없다는 얘기다. 잔업 제로가 아니라 먼저 생산성을 두 배로 늘리자고 말하고 있다. 생산성을 높이지 않고 잔업을 제로로 한다면 사람을 더 채용하거나 직원의 연봉을 줄일 수밖에 없다. 어느 쪽이든 실패다."(『닛케이 비즈니스』 2018년3월 30일자)

생산성을 두 배로 늘리기 위해서는 어학능력과 관리능력을 근본적으로 끌어올릴 필요가 있다. 이를 위해 약 1000억 엔을 투자할 것이라고 했다.

나가모리는 이 투자를 결정하기 전부터 이미 포석을 깔고 있었다. 2015년에는 나가모리 경영교실을 개원했다. 2016년에는 이를 나가모리 자신이 총장을 맡고 있는 글로벌 경영대학으로 격상시켰고 2017년에는 본사 앞에 10층 규모의 글로벌 연수센터를 개설했다. 사실 필자도 초기부터 글로벌 경영대학의 코디네이터로서 차세대 경영자 연수를 영어로 실시하고 있다.

일본에서는 산관학(産官學)과 언론이 하나가 되어 '일하는 방식 개혁'을 국가 어젠더로 추진하고 있다. 그러나 단순히 잔업을 없애는 것만으로는 일본의 경쟁력이 떨어질 것은 불 보듯 뻔하다. "지난 30년간의 실패를 되풀이하지 않기 위해서라도 일하는 방식 개혁이 아니라 생산성 개선을 목표로 삼지 않으면 안 될 것이다. 이를 위해서는 디지털 기술을 활용한 인재육성의 고도화가 필수적 과제가 될 것이다."

나가모리의 '지적 하드워킹'은 이처럼 차원이 다른 새로운 도전에 직면하고 있다.

나가모리 3대 경영수법

나가모리 경영의 가장 큰 특징은 알기 쉬움에 있다. 이나모리가 심오한 종교나 철학을 끄집어내는 데 반해, 나가모리는 철저하게 평이한 삶의 지혜를 비유로 삼곤 한다.

그 중에서도 특히 진면목을 발휘하는 것이 바로 3대 경영 방식이다. 가계부 경영, 잘게 쪼개기 경영, 우물파기 경영이 그것이다.

① 가계부 경영

현명한 주부의 가계부와 같이 수입에 맞는 지출을 목표로 삼는다. 경기의 흐름에 따라 수입이 변동하면 거기에 맞게 생계를 꾸려가고 자녀의 교육이나 내 집 마련 등 투자를 위해서 저축에 힘쓴다. 회사 경영도 경비를 수입의 범위 내에 설정하는 한편, 미래에 대한 투자도 게을리 해서는 안 된다. 이는 경영의 기본 중의 기본이다.

나가모리는 이익율 10% 미만의 사업은 적자로 간주한다. 경기 악화를 견뎌내기 힘들고 미래에 대한 투자가 어렵기 때문이다.

Nidec의 월별 경영회의에서는 각 사업 책임자 앞에 녹색, 황색, 적색의 3색 깃발이 놓여있다. 10%라는 최저 이익선에 도달하지 못하면 빨간 깃발 앞에 앉아야 한다. 일반회사의 느슨한 분위기와 비교하지면 일종의 괴롭힘이라고도 볼 수 있는 광경이다. 그러나 책임자들은 굴욕을 전화위복의 계기로 삼아 적자 탈출을 다짐한다.

한편, 초우량사업을 목표로 삼는다면 녹색 깃발만으로는 부족하다. 초우량사업부의 엘리트 책임자를 대변하고자 나가모리는 금색 깃발을 따로 준비했고 "언젠가는 플래티넘도 준비해야지."라며 농담 같지 않은 말투로 말한다. 필자가 "마치 아멕스 카드 같네요."라고 무심코 회답하자, 그는 "황색과 적색 깃발이라면 카드 소유는커녕 사업면허도 취소야"라며 웃어넘긴다. 이야말로 각 사업 책임자의 자율경영을 촉구하는 나가모리 식 수완이다.

② 잘게 쪼개기 경영

문제를 작게 쪼개어 대처하는 방식이다. 아무리 어려운 문제라도 잘게 쪼개보면 해결책이 보이곤 한다.

이는 필자가 맥킨지에서 철저하게 익힌 문제 해결의 기본 테크닉이기도 하다. 경영 과제는 복잡계의 산물이며 큰 과제일수록 전체를 다루다 보면 다른 한쪽이 엉망이 되어 버리곤 한다. 문제의 구조를 파악해 근본적인 요소를 추출하는 작업이 핵심이다. 이를 맥킨지에서는 '문제의 구조화(structuring)'이라 부르는데, 이와 관련해서는 졸저 『컨설팅을 넘어-문제해결과 가치창조의 수법-』(2018)에서 다룬바 있다.

나가모리는 맥킨지와 같은 정교한 방법은 사용하지 않지만 문제를 잘게 나누는 경영수법을 통해 마치 컨설턴트처럼 문제 해결의 핵심을 정확히 짚어낸다. Nidec의 경영진은 겉으로 보기에 감당하기 어려워 보이는 문제들을 잘게 쪼개가며 해결하는 전문가 집단이다.

나가모리 류 이노베이션의 정수

③ 우물파기 경영

이는 3대 수법 중에서도 가장 나가모리 류다운 것이며 이노베이션의 정수이다.

나가모리는 간부 연수과정에서 자신의 경험을 바탕으로 다음과 같이 설명한다. 어린 시절, 어머니는 매일 아침 자신을 업고 우물에 물을 길으러 다니셨다. 어린 마음에 걱정이 되어 어머니에게 그렇게 물을 길어오면 우물에 물이 없어지지 않느냐고 물었다. 그러자 어머니는 "물은 저장만 해 두면 그저 고인 물이 될 뿐이야. 길어 올리면 길어 올릴수록 새로운 물이 솟아나는 거야."라고 답했다고 한다. 다음 날 아침 우물 속을 들여다보니 확실히 물은 다시 가득 차 있었다.

경영도 마찬가지다. 변화를 위한 아이디어를 끊임없이 내놓아야 한다. 아이디어는 아까워서 내놓지 않으면 쓸모없어질 뿐이다. 현

상태에 만족하지 않고, 의욕적으로 새로운 것에 도전할 때 아이디어는 비로소 우물처럼 끊임없이 솟아나기 때문이다.

우물이라고 하면, 마쓰시타 전공(현 파나소닉 라이프솔루션즈)의 '우물을 끝까지 판다'라는 창업 이래의 경영이념이 있다. 지하 수맥에까지 도달할 정도로 우물을 파 들어가다 보면 물은 마르지 않는다. 사업도 마찬가지로, 철저하게 파고들 때 비로소 미래를 개척할 수 있다는 정신이다. '심화'가 '탐구'로 통한다는 가르침이다.

앞서 언급했듯이 최근 양손잡이 경영이 화두로 떠오르고 있다. 산학(産學)과 언론이 하나가 되어 양손잡이 경영이야말로 일본 부흥의 비책이라고 생각하고 있는 것 같다.

스탠포드 대학의 찰스 오라일리 교수 등이 『양손잡이 경영』(2019)에서 제창한 개념이다. 기업은 기존 사업의 '심화'와 신규 사업의 '탐색'을 함께 실천해야 한다는 것이다. 당연한 이야기이다. 그러나 일본 기업들은 이를 30년간 계속해 왔으면서도 실패를 범하고 말았다. 왜 실패한 것일까?

기존 사업의 심화와 신규 사업 탐색을 따로따로 해왔기 때문이다. 책에서 제시한대로 충실히 수행했지만, 기존 사업은 말라버렸고 신규 사업은 하나도 제대로 성공하지 못했다.

기존 사업의 주변을 파고들면 그 기업만의 혁신적 아이디어가 생겨나고, 새로운 사업이 무럭무럭 성장한다. 기존 사업에서 벗어나

얕고 광범위한 탐색을 해본들 제대로 된 신규 사업이 태어날 리 만무하다.

본고장 미국 서해안의 초우량 기업들 사이에서는 '양손잡이 경영'은 이미 실패의 낙인이 찍힌 지 오래인데 이를 일본이 마치 글로벌 스탠더드인 양 찬양하는 것은 비극이라기보다 차라리 코미디에 가깝다.

나가모리는 이런 허황된 경영론에는 전혀 귀를 기울이지 않는다. 자신의 50년 경영 노하우에 바탕을 둔 실천적 지식이야말로 나가모리 경영의 중심축이다. 우물파기 경영은 일본, 그리고 세계가 배워야 할 이노베이션의 본질이다.

나가모리의 3대 경영법은 제2장에서도 언급했듯이, 어린 시절 어머니의 가르침의 산물이라고도 할 수 있다. 게다가 지극히 당연하고 누구나 실천할 수 있는 경영의 기본 원칙이다. 실제로 Nidec은 이 세 가지 경영의 기본을 전 직원을 대상으로 철저하게 교육함으로써 초고속 성장을 이루어 왔다. Nidec이 인수한 60여 개 기업들은 "3Q6S"라는 현장의 힘에 3대 경영 수법을 이식시킴으로서 눈부신 성장기업으로 탈바꿈했다. 나가모리는 『정열 · 열의 · 집념의 경영』에서 다음과 같이 말하고 있다. "회사 경영을 궁극적으로 파고들다 보면, 사실 간단명료한 것이 도출된다. 그것은 원리원칙에 따라 당연한 것을 당연하게 실천하는 것이며, 그 이상도 그 이하도 아니다.

'계속은 힘이다'라는 말이 있지만, 일체의 타협과 양보를 용납하지 않고, 누구나 알고 있는 당연한 것을 묵묵히 지속시키는 것 외에는 성공의 비결도 비법도 존재하지 않는다."

이것이 바로 '나가모리 마술'의 정체이다. 사실 어느 곳에도 색다른 점은 없다. 당연한 것을 철저하게 마무리하는 것이야말로 나가모리 경영의 비결인 것이다.

졸병을 장수로 만드는 경영

나가모리 경영의 또 하나의 비결은 '변인술(變人術)'이다. 말 그대로 사람을 변화시키는 기술을 말한다.

Nidec은 창립 2주년이 되던 1975년 처음으로 사원의 신규 채용을 단행했다. 하지만 아무리 기다려도 지원자는 오지 않았다. 다음 해에도 신규 채용을 계속 했지만 응모자는 약간 명, 게다가 대부분이 3류 대학출신자, 장기에 비유하자면 졸병급 인재일색이었다. 그래서 나가모리는 다음과 같이 생각했다. "졸병을 확실하게 키워 장수로 만들자. 그것이 경영자인 내가 할 일이다."(『도전으로 가는 길』)

그 후 Nidec이 성장하기 시작하면서 일류 대학의 학생도 채용할 수 있게 되었다. 하지만 채용하는 쪽이나 채용되는 쪽 모두 장수급을 목표로 하는 열정과 집념이 없는 한, 인재로 성장하지 못한다고 스스로를 훈계한다.

원래 능력의 차이는 기껏해야 5배 정도. 그러나 의식의 차이는 100배로 벌어진다는 것이 나가모리의 지론이다. 설령 능력이 5분의 1에 불과하다고 해도 의식이 100배가 된다면 20배의 결과를 만들어 낼 수 있다는 계산이 나온다.

나가모리에게는 『사람을 움직이는 사람이 되라!』라는 베스트셀러가 있다. 이 책에서 그는 직원들의 마음에 불을 지피는 방법을 100개의 항목에 걸쳐 아낌없이 공개하고 있다.

그 중에서도 다음의 10가지 가르침은 나가모리 특유의 특징이 잘 드러나 있다.

01. 일류를, 최고를 지향하기 때문에 사람들이 찾아온다.
06. '일만큼 즐거운 일은 없다'고 말할 수 있을까?
11. 부하를 제대로 못 쓴다는 것은 자신에게 문제가 있다고 생각하라.
30. 상대를 깎아내려 투쟁심을 불러일으키는 방법도 있다.
43. 부하에게는 잘하는 일만 시켜라.
65. '일류로 가는 길은 큰 고통이 따른다.'는 원리를 가르쳐라.
70. 팀워크만 강조하다보면 결단력, 리더십이 약화된다.
95. 다시 단련시키고, 상향 지향성을 심어주는 것이 리더의 일이다.
98. 남들에게 미움을 받고 싶지 않다는 본능을 버려라!

100. 꿈과 낭만으로 부하의 미래를 구매하라!

이들 중 어느 구절도 사회에서 얘기되는 좋은 회사나 이상적인 상사의 이미지와는 거리가 멀다.

96번에는 '세상의 상식에 휩쓸리지 말라.'는 항목이 담겨 있다. 그는 시대착오라는 비판을 받으면서도 이 책에서 '열심히 일하라.'는 간판을 내리지 않은 것에 대해 다음과 같이 언급하고 있다.

"세간의 상식에 정면으로 맞서, 신념을 관철한 결과가 길(吉)로 나올 때마다 직원들과의 인연은 확실히 더 깊어진다. 신념 없는 경영, 잘못된 상식에 현혹된 경영자 밑에서 일하는 이들은 점점 멀어져 간다고 생각한다."

요즘은 통용되지 않는 근성론으로 들릴 수도 있지만 '사랑에 바탕을 둔 엄격함'이야말로 나가모리 마술의 진수이다. 알면 알수록 그가 실로 사람을 부리는 천재임을 알게 된다. "IQ(지능지수)만으로 사람을 움직일 수는 없다."는 것이 그의 지론이며 EQ(감성지수)의 중요성을 강조한다.

"그렇다면 감성의 풍요로움이란 무엇인가? 이를 한마디로 말하자면, 행동이나 말로 상대방을 감동시키는 것이다."

"상대와 희로애락을 공유함으로써 공감을 불러일으키며, 혹 부하가 고민하거나 괴로워하고 있을 때에는 상황을 깊이 읽어내고, 나아가 구원의 손길을 내밀기도 한다. 사무자동화, 공장자동화가 진전될수록 이와 같은 인간적 면이 더욱 강하게 요청될 것이다."

"가까운 장래에 기계보다 인간에 관심을 두는 기술자가 더 큰 성과를 내는 시대가 반드시 도래할 것이라 믿는다."(『사람을 움직이는 사람이 되라!』)

그러기 위해서는 부하와 같은 눈높이까지 맞추는 것이 필요하다고 강조한다. 나가모리 류로 표현하면 '상대의 링에 올라가 자신의 실력을 발휘한다.'는 것이다. 어디까지나 주연은 상대방이지만, 그를 끌고 가는 것은 나 자신이라는 인식을 갖는 것이 리더의 기본이라고 말한다.

올림픽 메달 청부사

Nidec의 글로벌 경영대학의 개교 첫 해에는 이무라 마사요(井村雅代, 싱크로나이즈 수영 일본대표팀 감독)씨를 초청 연사로 모셨다. 이무라 감독은 아티스틱 수영의 어머니로 불리며, 올림픽 메달 청부사로 불린다. 베이징 올림픽에서는 중국 대표팀 감독으로 중국에 동메달을 안겨줌으로써 일본을 떠들썩하게 했었으며, 리우데자네이루 올림픽에서는 일본 대표팀 감독으로 복귀해 메달을 따낸 일도 기억에 새롭다. 거물급 인사의 강연인 만큼 새로 지은 연수원 대강당에서 임원과 직원들도 같이 청강을 했다.

이무라의 악마 코치의 면모는 유명하다. 저서 『사랑이 있다면 꾸짖어라』(2012)는 2장에서 소개한 야마나카 교수의 애독서라고도 하다. 이 책의 명언들 중에서 이무라의 확신에 찬 모습을 엿보게 되는데 "지금보다 한 발 앞 수준을 요구하기 때문에 꾸짖는 것이다. 미움을 받는 것은 편하다. 날 좋아한다는 말을 들으면 오히려 고된 연습을 시키기가 힘들어진다(웃음). 칭찬을 해줘도 물론 좋지만 마음을 다잡아먹고 더 어려운 과제, 더 어려운 장애물을 설정하는 거죠. 비록 일류 선수가 아닐 지라도 지금보다 더 잘하게 만들고 싶다. 잘하게 하지 못한다면 나 자신을 용서할 수 없다. 지도자가 포기하지만 않는다면 어떤 선수라도 더 잘할 수 있다고 믿는다. 그래서 나는 포기하지 않는다. 성취감을 맛보게 하기 위해 강제로라도 훈련시키는 단호한 태도가 필요하다. 스스로 한계를 설정하지 않는다는 '마음속 재능'이야말로 일류 선수의 조건이다."

어느 말이나 요즘 말로 치면 '파워 하라스멘트'라 불릴 수도 있다. 그러나 이무라는 그런 비판에 전혀 귀 기울이지 않는다. 오직 성과를 내놓는 것에 전념한다. 그리고 성과를 낼 때 비로소 선수들은 보상을 받을 수 있는 것이다. 이것이 이무라가 지향하는 세계 일류인재의 육성방식이다.

그녀의 신념과 언행은 나가모리 경영과 완전히 일치한다. 강연이

끝나자 장내는 우레와 같은 박수가 터져 나왔다. 나가모리는 흥분을 억누르지 못하고 단상으로 뛰어올라 "우리는 일란성 쌍둥이"라며 크게 포옹했다.

마치 스포츠계의 매니지먼트처럼 느껴질 수도 있겠지만 나가모리 경영의 본질은 겉보기보다 훨씬 더한 깊이가 있다. 게다가 그 본질은 공간 축이라기보다는 시간 축의 설정 방식에 있다. 3장에서 간단히 언급했던 '줌 인-줌 아웃 사고방식'이다.

올해 초여름, 전세계가 코로나 쇼크에 휩싸여 있는 동안, 필자는 몇 시간 동안 나가모리와 리모트 대담을 할 기회가 있었다. 대담 후 필자는 나가모리 경영에 대해 다음과 같이 정리했다(『다이아몬드 하버드 비즈니스 리뷰』 2020년 9월호). 조금 길지만 다시 한 번 언급하고자 한다.

주관적 정의(正義)로 미래를 이야기하고 형상화 한다

나가모리 류 경영의 진수는 줌 인(zoom in)과 줌 아웃(zoom out)을 끊임없이 되풀이하며 사회-경제의 장기적 파동과 단기적 변화를 동시에, 그리고 정확하게 파악하는 '원근법적 복안사고'에 기반한 경영에 있다고 생각한다.

먼 미래를 내다보며 비전을 그려내고, 그 비전하에서 매출 1조5천

억 엔 규모의 기업 전체를 끌고 가는 리더십을 발휘한다. 동시에 작은 변화를 포착해 가까운 미래를 예측하고 조직과 사업구조를 끊임없이 진화시켜 나가는 마이크로 매니지먼트를 실천한다. 먼 미래와 가까운 현실을 긴밀하게 연계시키면서 나가모리는 Nidec을 비약적으로 성장시켜 왔다.

많은 일본 기업들이 실행하고 있는 중기 경영계획 위주의 관리에는 장기비전과 마이크로 메니지먼트가 결정적으로 빠져 있다. 그래서 큰 사업 기회를 잡기 어렵고, 눈앞의 변화에 민첩하게 대응하는 것도 쉽지 않다. 그렇다면 나가모리는 어떻게 원근법 경영을 실천하고 있는 것일까?

먼저 먼 미래를 파악하는 안목에 대해 말하자면, 나가모리는 중장기의 파동을 항상 염두에 두고 호황과 불황은 반드시 반전된다는 사실을 전제로 삼고 있다.

경기순환의 학설로 잘 알려진 것 중에는 큰 기술혁신이 견인하는 '콘드라체프 파동'(약 50년 주기), 건설투자를 원인으로 하는 '쿠즈네츠 파동'(20~30년 주기), 설비투자의 변동에 기인하는 '주글러 파동'(약 10년 주기)이 있다.

나가모리는 이 같은 전문용어를 사용하지는 않지만, 이 세 가지 주기를 전제로 미래상을 그려내고 있다. 창업 당시 향후 50년 계획을 세웠고, 작년에는 제2의 50년 계획을 세웠다고 한다. 또한 30년 후인

2050년을 목표로 인간형 로봇을 겨냥한 소형 저전력 모터의 연구개발을 진행 중에 있으며, 리먼 쇼크 이후 10년이 지난 시점에서 "내년은 힘든 한 해가 될 것"이라고 예견하며 고정비 절감을 지시했다.

즉, 50년 후, 30년 후, 10년 후라는 미래를 기점으로 역산을 통해 전략을 세우고 발 빠르게 움직이고 있는 것이다.

2030년 매출 10조 엔이라는 장기 목표의 전제가 되는 다섯 가지의 큰 물결도 나가모리다운 미래를 보는 방식이다. 탈탄소화의 물결, 디지털 데이터 폭증의 물결 등 지금 들으면 당연하다고 생각할 수도 있다. 이는 최근 들어, ESG(환경 - 사회 - 기업지배구조) 투자 및 SDGs(지속가능한 발전목표)를 장기적 경영 비전의 기반으로 삼는 기업이 많아졌지만, 나가모리는 5년여 전부터 다섯 가지의 물결(탈탄소화, 디지털 데이터 폭증, 절약형에너지, 로봇화, 물류혁명)에 대해 진지하게 고민하고 있었다.

무엇보다 나가모리다운 것은 ESG나 SDGs라는 단어를 전혀 사용하지 않는 점이다. 그는 남에게 가치관을 강요당하는 것만큼이나, 남의 말을 빌리는 것도 싫어한다. 말하자면 객관적 정의를 신뢰하지 않는다는 것이다.

이론을 따지기 전에 실행하고, 실패를 통해 배우고, 다시 도전한다. 이것이 나가모리 류이며, 거기서부터 주관적 정의를 스스로 만들어낸다. 이 같은 주관적 정의를 다섯 가지 물결과 같은 식의 독자적인 언어로 주장하기 때문에 사람들의 마음을 울리고 공감하는 이들이 많아지면서, 결국에는 객관적 정의로 바뀌어 가게 된다. 남들에게서 빌린 말로는 사람의 마음에 불을 지필 수 없다는 것을 잘 알고 있기 때문이다.

뜻을 중심에 두는 '지본주의(志本主義) 경영'

나가모리류 경영의 또 다른 특징은 가까운 곳을 유심히 지켜보고 있다는 점이다. 상세한 수치를 주 단위로 검토하고 있다. 실리콘밸리에서는 '이노베이션@엣지'라는 말을 자주 듣게 되는데, 혁신이 일어나는 곳은 본사가 아닌 엣지(edge, 변두리)라는 말이다.

나가모리는 엣지의 변화량을 수시로 체크하면서 작은 변화도 놓치지 않는다. 이러한 변화에 대한 높은 민감도가 마이크로 매니지먼트를 가능하게 한다.

하지만 엣지 정보에는 적지 않은 노이즈가 섞여 있다. 이를 나가모리 식 자체 알고리즘으로 선별하며 현장에 내장해 둔 센서를 이용해 방대한 정보를 수집, 인공지능(AI)으로 분별, 분석, 예측하는 사물인터넷(IoT) 형태의 경영을 추구한다.

이 경영은 환경변화를 계기로 한 생물의 진화 프로세스, 즉 흔들림, 연결, 확장이라는 과정에 비유될 수 있다.

생물은 조직 안에서 계속 흔들림을 일으키고 있다. 멈추는 것은 죽음을 의미하기 때문이다. 기업 조직도 사업을 지속하는 한 끊임없이 흔들림이 발생하는데, 나가모리는 흔들림을 현장 센서를 통해 감지하고 변화의 조짐을 포착한다.

연결이란 탈구축(脫構築)이다. 나가모리는 작년 가을 경기변동의 파고를 감지하고, 신종 코로나 위기가 발생하자마자 바로 DPR(더블 프로핏 레이시오) 프로그램에 착수했다. 흔들림을 감지한 후, 탈구축해 나가는 것이 연결이다.

확장은 반전 후 공세이다. 흔들림을 통해 근육질의 기업 체질로 탈바꿈한 후, 집중 투자한다. 중국 대련에서의 1000억 엔 규모의 투자 등이 그 예이다.

참고로, 나가모리의 '탈(脫)'은 삼성의 이건희 회장과도 통하는 바가 있다. 삼성은 차세대 반도체와 디스플레이 장치의 수요가 본격화되기 전에 거액의 투자를 통해 양산 체제를 갖추고, 시장 침투가격(penetration price)을 통해 일본의 대형 전자업체들을 비롯한 경쟁사를 몰아냈었다.

당장의 적자를 무릅쓰고 구동 모터 등 핵심 부품의 개발 및 양산에 거액을 투자하는 것도 10년 후의 시장을 선점하기 위한 승부수이다.

이처럼 치밀함과 대담함, 마이크로 매니지먼트와 비전을 제시하는 리더십, DNA의 이중나선처럼 얽히고설킨 원근법 경영이 가능한 것도 나가모리 류 경영의 중심에 '지(志)'가 굳건히 자리 잡고 있기 때문이다. 나가모리의 말을 빌리자면 '꿈'으로 바꿔도 좋을 것이다.

세세한 부분까지 손을 대고, 마이크로 매니지먼트에까지 일일이 참견하면 현장은 지쳐서 오히려 의욕을 잃게 되는 것이 보통이다. 또한 남들에게서 빌려온 말들로 뜬구름 같은 비전을 이야기해 본들 아무도 따라오지 않기 마련이다.

하지만 나가모리는 경영이 아무리 어려워도 결코 어두운 이야기를 하지 않고, 자신의 말로 더 큰 꿈을 이야기한다. 그리고 사소한 것들을 통해 꿈을 구체화해 간다. 그는 젊은이들에게 도전을 촉구하고, 실패를 통해 배우게 하며, 거듭 도전을 독려한다. 이렇게 Nidec은 진화해 온 것이다.

즉, 나가모리 식의 '원근복안 경영'은 비연속적 혁신(disruption innovation)이 아닌 생물학적 진화를 지향하는 경영이며, 뜻을 중심에 두는 '지본주의 경영'이라고 필자는 생각한다.

여기서 논하고 있는 원근법적 사고와 지본주의는 이나모리의 경영과도 일맥상통하는 대국관이자 가치관이다. 이 점에 대해서는 다음 장 이후에서 자세히 살펴보고자 한다.

성장기업의 4가지 타입

나가모리 경영은 50년에 걸쳐 지속적으로 성과를 내어 왔는데, 현재에 이르기까지 차원을 달리하며 성장을 지속하고 있는 일본 기업의 대표주자는 Nidec, 패스트 리테일링, 그리고 소프트뱅크 세 기업이다. 앞서 언급했듯이 이들 기업의 수장들은 파격적인 언변으로 '허풍쟁이 3형제'라는 별칭을 얻었고 나가모리는 이들 형제의 맏이라고 하겠다.

나가모리는 '100년 후에도 계속 성장하는 기업'을 목표로 삼는다고 호언장담한다. 이를 위해 Nidec이 앞으로 착수해야 할 과제를 차세대 경영모델의 관점에서 검토해 보고자 한다.

필자는 졸저 『잃어버린 20년의 승리기업 100사의 성공법칙』(2013)을 통해 일본의 승자기업들의 성공요인 분석을 한 바가 있으며 이때 사용했던 4개의 경영모델을 소개한 것이 <그림 2>이다.

먼저 기반이 되는 것이 오퍼레이션능력이다. 그 위에 수익모델의 구축력과 시장개척력이라는 두 가지 성장 동력, 그리고 최상위에 경영혁신력이라는 추진력을 두고 있다. 필자가 고안한 이 경영모델은 필자가 위원으로 참여한 '경쟁력 강화에 관한 연구회'에서 아베 신조(安倍晋三) 정권(당시)의 성장전략인 '제3의 화살'을 구상하는 과정에서 제시한 내용에도 포함되어 있다. 일본의 승자기업 100사를

[그림 2] 차세대 경영모델의 기본 구조

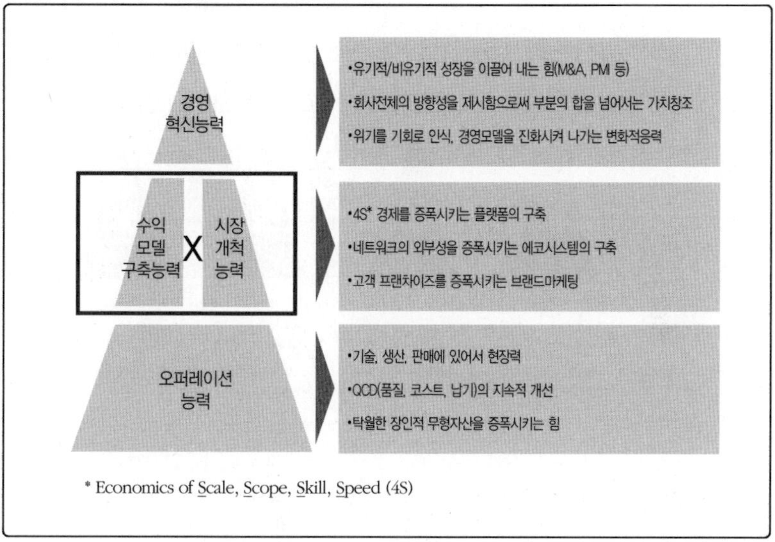

크게 4가지 유형으로 나눌 수 있다(그림 3 참조).

첫째는 오퍼레이션능력만으로 승승장구해 온 기업군이다. 자동차나 정밀기계 등 현장에서의 조율력이 기업의 경쟁 우위를 결정지으며 이들 영역에서 싸우고 있는 기업들도 많다. 일본의 전통적인 승리의 패턴을 답습하고 있다는 점에서 '타입 J형'이라고 부른다.

둘째는 오퍼레이션능력과 경영 혁신능력을 겸비한 기업군이다. 일본의 전통적 특기인 오퍼레이션능력과 구미식 경영혁신능력을 함께 발휘하고 있다는 점에서 '타입 W형'이라고 부른다. 잭 웰치 시대의 제너럴 일렉트릭(GE)이나 이건희 시대의 삼성전자가 대표적

[그림 3] 4가지 경영모델

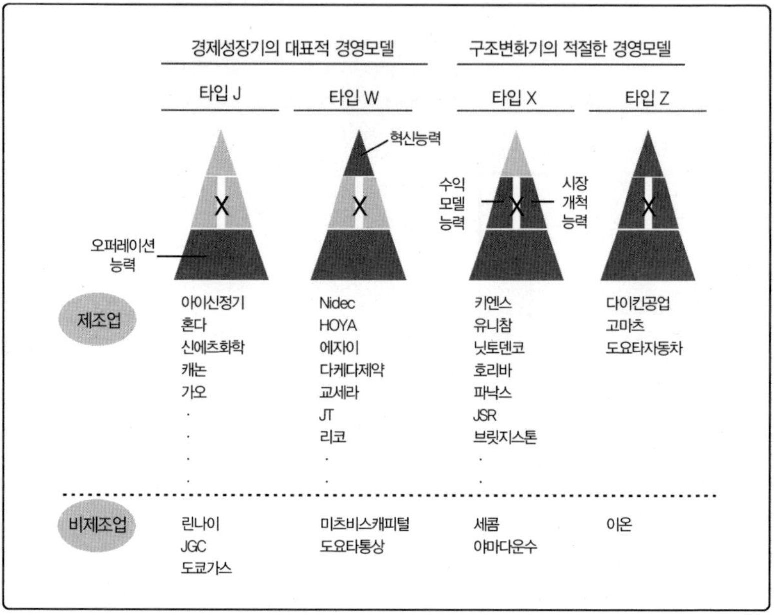

이다. 일본에서는 보기 드문 성공 패턴이다.

셋째는 오퍼레이션능력과 더불어 수익모델 구축력과 시장개척능력을 성장 동력으로 삼는 기업군이다. 운영의 탁월함(Operational Excellence)만을 강조하면 개선(kaizen)에서 그치겠지만, 그 위에 두 개의 터보 엔진을 구동시킴으로써 비연속적 성장을 실현할 수 있다. 이 두개의 엔진들을 교차시킨다는 의미에서 '타입 X형'이라고 부른다.

마지막 넷째는 이들 네 가지의 요인을 모두 겸비한 기업군이다. 이들 기업군은 운영의 탁월함을 기본으로 하되, 이노베이션, 마케팅,

변화관리 등 폭넓은 경영능력을 발휘하고 있음을 알게 된다. 최상의 모델을 의미하며 '타입 Z'로 부르도록 하자.

'타입 W'에서 '타입 X'로

Nidec은 이들 일본의 승자 기업군 중에서 가장 전형적인 타입 X 기업이다. 참고로 같은 유형에 속하는 교세라는 45위이다.

Nidec의 지금까지의 성공 요인은 무엇일까? 과거에는 하드디스크용 소형 정밀 모터, 그리고 최근에는 EV용 구동 모터로, 차세대 큰 물결의 대세를 찾아낸 나가모리의 선견지명은 신통방통한 것 같다. 그리고 그 타깃으로 정한 블루오션에서 압도적인 점유율을 확보하기 위해 발 빠르게 대규모 투자를 단행한다. 그리고 현장에서의 탁월함을 발휘해 품질과 기능, 그리고 비용개선에 박차를 가한다. 대담하고 속도감 넘치는 결단력과 현장의 실천력이야말로 나가모리류의 승리패턴의 본질이다.

나가모리는 M&A를 통해 빠른 속도로 기업규모를 확대해 온 점이 주목받기 십상이지만, 적절한 시기에 적절한 쇼핑을 한 최고경영자의 후각과 인수후 통합(PMI)를 통한 현장 운영의 개선 능력이 나가모리 경영의 진수인 점은 앞서 논한 바이다.

우상향의 지속성장을 기대할 수 있던 시대에는 운영력을 기반으로

한 타입 J나 타입 W로도 충분히 경쟁할 수 있었다. 동질적인 경쟁의 세계에서는 Do More Better(카이젠, 타입 J)와 Scale Up(규모의 경제로의 끊임없는 추구, 타입 W)이 우위의 원천이 될 수 있었기 때문이다.

하지만 현재의 연장선상에 답이 없는 상황 하에서, 그것만으로는 충분하지 않다. 수익모델의 구축력과 시장 개척력이라는 차세대 성장 엔진이 필수적이다. 이 두 가지 엔진을 내재화한 타입 X와 Z야말로 비연속적 시대의 성공모델이 될 것이다.

그렇다면 이 두 가지 중 어떤 유형이 바람직한가? 모든 것을 겸비한 타입 Z가 이상적이라고 생각하기 쉽지만, 과연 그럴까?

이런 유형의 기업들은 최고경영자의 강력한 리더십이 성장을 견인하고 있다. 하지만 그런 기업들은 사실 경영자 리스크에 노출되어 있다. 탁월한 리더의 존재가 성장의 전제 조건이 되고, 리더 교체가 이들 기업에 있어서 성장의 변곡점이 될 수 있기 때문이다.

이에 비해 타입 X 기업은 경영 혁신력에 지나치게 의존하지 않는 것이 특징이다. 오해의 소지가 없지는 않지만 누가 대표가 되더라도 성장을 지속할 수 있다는 얘기이다. 왜냐하면, 두 가지 성장 엔진이 오퍼레이션 속에 잘 구현되어 있기 때문이다. 그리고 성장엔진을 현장에까지 심어놓는 것이야말로 경영자의 진정한 리더십이라고 할 수 있겠다. 사실, 기존 타입 Z 기업, 예를 들어 도요타, 다이킨공업, 유니클로에게는 어떻게 타입 X로 전환할 수 있느냐가 가장 큰 경영

과제가 되고 있다.

트윈 모터를 내장하라

타입 W기업인 Nidec도 차세대 성장을 위해서는 수익모델 구축력과 시장 개척력이라는 두개의 엔진을 정비하지 않으면 안 된다(EV시대이니 엔진이 아닌 모터라고 해야겠지만...).

크게 두 가지 접근법이 있다.

하나는 경영진이 주도하는 톱다운 방식이다. 서구의 전략론자나 컨설턴트들은 이같은 연역적 접근을 선호한다. 현업에서의 탁월함(OE)에 안주하지 말고 전략 두뇌를 개선시키라는 마이클 포터(Michael Porter)의 주장이 그 전형이다.

또 다른 하나는 현장에서 시작되는 상향 방식이다. 현장의 경험 속에서 귀납적으로 새로운 법칙과 '틀'을 만들어 낸다. 도요타의 TPS(도요타 생산방식)나 다이킨공업의 끈끈한 영업은 이러한 현장의 지혜를 체계화한 것이다.

예를 들어, 타입 X의 대표기업(순위 5위)인 키엔스는 현장의 탁월함을 알고리즘화하여 지속적으로 진화시키고 있다. 이 회사의 시장 개척 모델은 타사에 컨설팅을 할 수 있을 정도로 시스템으로서 완성도가 높다. 또한 키엔스의 수익구조는 사내에는 지식만 축적하고,

유형자산은 철저히 타사의 것을 전용하는 전형적 무형자산형 모델이 근간을 이루고 있다.

그렇다면 Nidec은 어떨까? 이 회사의 시장 개척은 3 NEW모델이 근간을 이루고 있다. 3 NEW모델이란 새로운 제품, 새로운 시장, 새로운 고객이다. 이를 현장의 지적 하드워크를 통해 대응해 왔다. 향후 이 같은 현장의 지혜를 조직능력으로 전환해 나가는 것이 관건이다. 그것이 가능하다면, Nidec 류의 시장 개척 알고리즘을 인수대상기업을 포함해 전세계로 빠르게 확장해 갈 수 있을 것이다.

한편, 수익 모델에 있어서 기존에는 유형자산에 대한 적극적인 투자가 주축이었다. 앞으로는 조직을 가로지르는 지식의 유통과 축적, 타 업종과의 공동 생태계 구축, 브랜드 파워의 근본적 강화 등 무형자산에 대한 투자를 가속화할 필요가 있다. 수확체감의 법칙이 지배하는 유형자산에 비해 무형자산은 수확체증의 법칙이 성립하기 때문이다.

바꿔 말하자면, 나가모리 알고리즘과 현장의 힘을 어떻게 체계화하느냐가 관건이다. M&A와 PMI영역에서는 이미 입증된 바 있지만 이같은 시스템화가 마케팅과 이노베이션의 영역에서도 실현될 수 있다면, Nidec은 앞으로도 고성장을 지속할 수 있을 것이다.

제6장 "MM" 모델의 공통점

맥락을 같이하는 리듬

지금까지 이나모리 류와 나가모리 류의 특징을 개괄적으로 살펴보았다. 각각 매우 개성이 강할 뿐 아니라, 이제껏 차세대 경영 모델로 칭송받아온 다음 2가지 판에 박은 모델과는 전혀 무관하다.

첫째, 글로벌 스탠다드 추종형이다. 글로벌 스탠다드라는 말 자체가 서구에 비굴하게 자신을 낮춰온 일본인이 만든 일본식 영어이다. 세계 표준 같은 것은 애초에 존재하지도 않는다. 일본의 산/관/학계 및 언론이 글로벌 스탠다드라고 부르는 것은 앵글로색슨 형의 배금주의일 뿐이다.

포터로 대표되는 고전적 경영전략은 어떻게 하면 경쟁에서 이기고 이익을 얻을 수 있는지를 대상으로 삼았다. 그리고 그 이익을 주주에게 환원함으로써 단기이익 추구의 주주들에게 영합해왔다. 이것이 바로 2015년부터 시작된 일본형 기업지배구조 개혁의 내용이었다.

이후 앵글로색슨 세계에서 조차도 주주 주권주의에서 다수의 스테이크홀더(이해관계자)주의로의 대전환이 진행되었고 이를 일본도 서둘러 따라가기에 여념이 없다. 하지만 각기 상이한 이해관계를 지닌 이들을 어떻게 묶고 함께 이끌어 갈 것인가 하는 경영의 본질에 대해서는 전혀 답을 제시하지 못하고 있다.

둘째, 좋은 기업 지향형이다. 최근 지속가능한 경영(SDGs)이 차세대 모델로 주목받는데 이는 환경과 사회를 배려하는 경영모델이다.

전세계적으로도 지속가능성을 표방하는 베네핏 코퍼레이션(Benefit Corporation)이나 B카프 인증을 취득하는 기업이 늘고 있다. 아웃도어 의류업체 파타고니아(Patagonia) 등이 대표적이다.

파타고니아의 창업자 이본 쉬나드(Yvon Chouinard)는 『직원들을 서핑에 보내자』(2007)라는 베스트셀러를 출간했다. 이는 아웃도어를 사랑하는 직원들에게는 사업보다 취미를 우선시해야 한다는 이 회사의 모토를 제목으로 삼은 것이다. 앞서 4장에서 언급한 조직구조에서 말하자면 그린 기업군이다.

일본에서도 사카모토 고지(坂本光司)의 『일본에서 가장 소중히 하고 싶은 회사』(2008~2020) 시리즈가 일본의 좋은 회사를 소개하고 있다. 한천으로 유명한 이나식품공업 등 지방의 중소기업이 중심이다. 모두 인간 중심의 경영을 지향하는 가족주의적 기업군이다. 이런 좋은 회사의 직원들은 근무여건이 매우 쾌적할지 모른다. 하지만 다소 미지근한 기업체질은 성장을 위해 도전해야 하는 이들에게 걸맞는 것일까? 해결이 곤란한 환경문제나 사회문제에 직면했을 때 다른 차원의 혁신을 만들어 낼 수 있을까?

이나모리도 나가모리도 이러한 세상의 흐름에는 그다지 귀를 기울이지 않는데, 이는 그들만의 철학과 신념을 고수하고 있기 때문이다. MM 경영의 본질을 파헤쳐 보면, 이들의 저변에는 같은 가락이 반복되고 있음을 알게 된다. 이는 모두 같은 3박자이다.

빠른 템포의 왈츠가 흘러나오면 나도 모르게 춤을 추고 싶어진다. 그리고 느린 템포의 미뉴에트가 흐르면 마음이 차분해진다. 이를 잘 조합하는 데에 이나모리 경영과 나가모리 경영의 공통점이 있다. 이 장에서는 성공의 방정식, 세 개의 공간 축과 시간 축이라는 관점에서 공통의 박자를 찾아보고자 한다.

성공의 3요건

MM 경영의 두드러진 공통점은 성공 방정식이다.

이나모리 경영의 성공방정식은 다음 도표의 ①과 같고, 나가모리 경영은 ②로 정의할 수 있는데 방정식을 구성하는 세 요소는 모두 동일하다. 다만 이나모리는 곱셈으로, 나가모리는 덧셈으로 표현하

① 인생과 일의 결과 = 사고방식 × 열의 × 능력

② Y= A + B + C

Y = 사원의 평가치

A = 사고방식(회사 방침의 이해도)

B = 일에 대한 열의

C = 능력

고 있다는 점이 차이다. 이나모리류는 각 항목의 영향이 곱셈으로 작용하기 때문에 총수의 변동폭이 커진다. 어쨌든 세 가지의 같은 구성 요소로 성공을 정의하고 있다는 점이 흥미롭다.

그렇다면 이 세 가지 구성요소별 가중치 부여는 어떨까? 이나모리도 나가모리도 다른 두 요소에 비해 능력을 그다지 중요하게 여기지 않는다.

이나모리는 "가능성은 미래의 능력"이라고 말한다. 그래서 "능력은 미래 진행형으로 생각해야 한다."고 설파한다(『살아가는 법』).

"아무리 어려운 목표라 할지라도, 참여하는 사람들의 최대한의 의욕과 스트레스를 끌어내어 불가능을 가능케 하는 것 - 그것이 바로 생각의 힘입니다."라고 이나모리는 말한다(『마음』).

"생각은 마음이라는 캔버스에 그리는 사고, 비전, 꿈, 희망 등으로 바꿔 말할 수 있을 것이다. 마음의 작용 그 자체라고도 할 수 있고, 그로 인해 생겨난 의도 또는 의지라고도 할 수 있다."

"지금 우리는 이 생각의 소중함을 어딘가에 잊어버리고 있는 것은 아닐까? 머리로 생각하는 것만이 중시되고, 그것을 만들어내는 뿌리인 마음과 그것을 가져오는 생각이 경시되고 있는 것 같다는 생각이 든다."(전게서)

나가모리도 "인간의 잠재능력은 무궁무진하다."는 것이 지론이다. 그런 나가모리가 언급하는 것이 라멘집의 에피소드다.

오후 2시쯤 어느 곳에나 있을 법한 라멘집에 들어섰는데 거의 만석이다. 인기의 비결은 맛이라기보다 점원들의 배려라는 것을 알 수 있다. "다른 가게와 같은 가격으로 5배의 맛있는 라면을 만들거나, 5배나 빠른 속도로 라면을 제공하는 것은 불가능하지만, 점원의 의식을 바꾸어 손님들의 기분을 100배 좋게 만드는 것은 그리 어려운 일이 아니다. 이 가게가 번창하고 있는 것은 바로 점원의 높은 의식, 다시 말해 경영자로서의 의식이다."(『사람을 움직이는 사람이 되라!』)

"아마도 이 라멘집의 경영자는 라멘의 맛에 집착하는 것 이상으로 점원의 의식 개혁에 집착하고 있는 것 같다. 나의 인재에 대한 생각도 이와 같다. 능력이 뛰어난 사람을 채용하는 것보다 보통의 능력을 가진 인재를 채용하고, 그들의 의식을 높이는 데 전력을 다한다."

이나모리도 나가모리도 능력은 종속변수에 불과하다는 것을 간파하고 있다.

그렇다면 사고방식과 열정 중 어느 쪽을 중시할 것인가? 이나모리는 사고(=생각, 마음)를 중시하고, 나가모리는 열정(열정, 집념)을 원동력으로 삼고 있다고 할 수 있다. 여기서 이들 두 사람의 철학의 미묘한 차이가 느껴진다.

하지만 성공이 이러한 세 가지 요소들의 함수라는 점에서 두 사람의 생각은 완전히 일치한다.

IQ, EQ, JQ

그렇다면 왜 이 세 가지 요소인가?

나가모리는 자주 IQ(지능지수)와 EQ(감성지수)를 언급하곤 한다. 그리고 "EQ(감성지수) > IQ(지능지수)"라는 부등식을 역설한다. 능력보다 열정이 중요하다는 것이다.

그렇다면 사고방식은 어디로 갔을까? 필자는 여기에 세 번째 Q가 숨겨져 있다고 본다. "위험에 처했을 때, 경영자는 앞을 내다보아야 한다. 대국관을 잃지 않고 두려움 없이 움직여야 한다."(『닛케이 비즈니스』 2016년7월 11일자)고 나가모리는 말한다. 이 결단력이야말로 나가모리 경영의 진수라고 할 수 있다. 필자는 이를 판단지수(Judgment Quotient)라고 부른다(그림 4 참조). IQ, EQ, 그리고 JQ가 나가모리 경영의 3박자인 것이다.

한편, 이나모리는 마음의 중심에는 진아(眞我)가 있다고 주장한다.

[그림 4] 변혁의 리더에 요구되는 3가지 Q

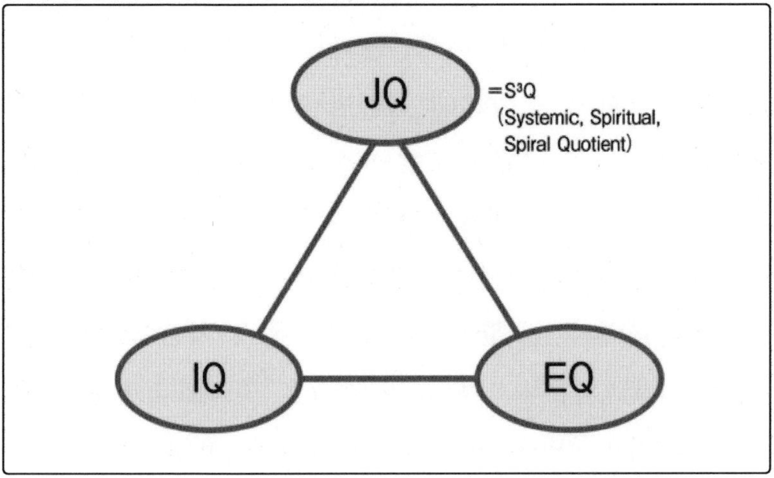

진아는 선의 가르침에서 나오는 말로, 참된 의식이나 우주의 의지를 가리킨다.

"진아(眞我)는 부처의 심성 그 자체이기 때문에 지극히 아름다운 것이다. 그것은 사랑과 성실과 조화로 가득 차 있고, 진 - 선 - 미를 겸비하고 있다."(『삶의 방식』)

이나모리는 이 진 - 선 - 미를 마음이 추구하는 세 가지 가치로 보고 있다. 이를 세 가지 Q에 대입해 보면, 진 = IQ, 선 = JQ, 미 = EQ에 가깝다고 해석할 수 있다. 이 세 가지 중 가장 심오한 것이 선이다.

애초에 진, 선, 미를 처음 주창한 것은 플라톤이다. 그리고 그의 제자 아리스토텔레스는 개인의 선이 아닌 사회 전체의 선의 모습으로서 공통선(共通善)이라는 가치관을 주창했다. 사람을 움직이게 하려면 세 가지 요소가 있어야 하는데 에토스(신뢰), 파토스(열정), 로고스(논리)이다. 에토스는 선, 파토스는 미, 로고스는 진에 가까운 개념이다.

그러나 이나모리는 이 같은 서구 철학과는 일선을 긋는다. 그의 "선(善)의 연구"는 동양사상에 뿌리를 두고 선의 본연의 모습을 추구한 니시다 철학과 일치한다. 즉, 선이란 <우주=자연>의 의지이며 이는 사회라는 인공적 조직을 위한 서구적 공통선보다 훨씬 숭고한 것이다. 그리고 진-선-미는 인수분해의 대상이 아니라 삼위일체의 대상으로 통합되지 않으면 안 된다.

최근 들어 서구에서도 배금적 자본주의를 뛰어넘는 경영모델이 등장하기 시작했다. 예를 들어, 세계 최대 자산운용사인 블랙록의 래리 핀크슨 CEO는 2019년 투자처에 보낸 서한에서 '퍼포스(뜻) & 프로핏(이익)'만이 차세대 기업이 지향해야 할 가치라고 강조했다. 게다가 퍼포스가 진정한 목적이며, 프로핏은 결과일 뿐이라며 기존의 자본주의처럼 이익지상주의에 치우쳐서는 안 된다고 경고한다.

필자는 퍼포스를 목적이 아닌 '뜻'으로 번역하고 이를 바탕으로 한 경영모델을 퍼포시즘(Purposism)이라고 명명하고 있다. 일본어로는 '지본주의(志本主義)'라고 부르며 자본주의(Capitalism)를 대체하는 새로운 모델이다. 자세한 내용은 졸저 『퍼포스 경영』(2021)을 참고하기 바란다.

그러나 퍼포스와 프로핏이라는 이분법 자체가 지극히 서구적인 비연속성의 디지털적 발상이라고 할 수 있다. 이나모리나 나가모리라면, 거기에는 세 번째의 P가 숨어있다고 지적할 것이다. 바로 열정(passion)이다. 열정 – 즉, 마음의 에너지가 퍼포스와 프로핏의 순환운동에 불을 지피고 계속 구동시키는 것이다. 아울러 필자가 주장하는 지본경영도 이들 세 가지 P(Purpose, Profit, Passion)가 원동력이다.

이렇게 보면, 앞서 언급한 이나모리 = 나가모리 성공 방정식의 3요소는 다음과 같이 바꿔 쓸 수 있다.

사고방식 ≒ JQ, 선, 에토스, purpose(뜻)
열　　정 ≒ EQ, 미, 파토스, passion(열정)
능　　력 ≒ IQ, 진, 로고스, profit(이익)

이상과 같이 해석하면 이나모리 철학과 나가모리 철학이 사실은 플라톤과 아리스토텔레스부터 니시다 철학, 그리고 현대의 최첨단 경영 모델과도 일맥상통하고 있다는 것을 확인할 수 있다. 다시 말해, 이 두 사람의 사상이 얼마나 본질적인 인지(人知)에 뿌리를 두고 있으면서도 시대를 앞서가고 있는지 잘 알 수 있다.

현대의 경박한 풍조 속에서는 MM 경영이 마치 시대착오적이며 이질적인 것으로 보일 수도 있다. 그러나 사실은 그 반대로 거버넌스, 지속가능성, 디지털 트랜스포메이션, 양손잡이 경영 등 요즘 유행하는 경영 모델이 얼마나 본질에서 벗어나 시대착오에 빠져 있는지를 말해주고 있다.

守破離(수파리)

그렇다면 MM 경영의 시간축 상의 리듬은 무엇일까? 한 마디로 '수파리(守破離)'이다. 다도나 검도 등 예술이나 무도를 익힐 때 이야기되는 일본의 작법이다. 잘 알려진 바와 같이 다음과 같은 세 가지 리듬으로 구성되어 있다.

수(守) — 스승의 가르침을 충실하게 지키며 기본형을 익힌다.
파(破) — 다른 유형 등을 도입하여 새로운 형을 모색한다.
리(離) — 틀에서 벗어나 자신만의 자유로운 경지를 개척하다.

여기서 키워드는 '틀'이다. 먼저 틀을 몸에 익히는 것이 기본이다. 틀이 없으면 '틀 없음'[9])이 되어 버린다. 이후 '틀을 깨는 것', 즉 자신만의 틀을 만들어내는 것이고 마지막은 '탈형', 즉 틀에 얽매이지 않는

9) 틀이 없다는 말은 일본어로 형편없다는 의미로 사용된다. 형태를 중시하는 일본문화의 일면이다.(역자 주)

[그림 5] 크리에이티브 루틴

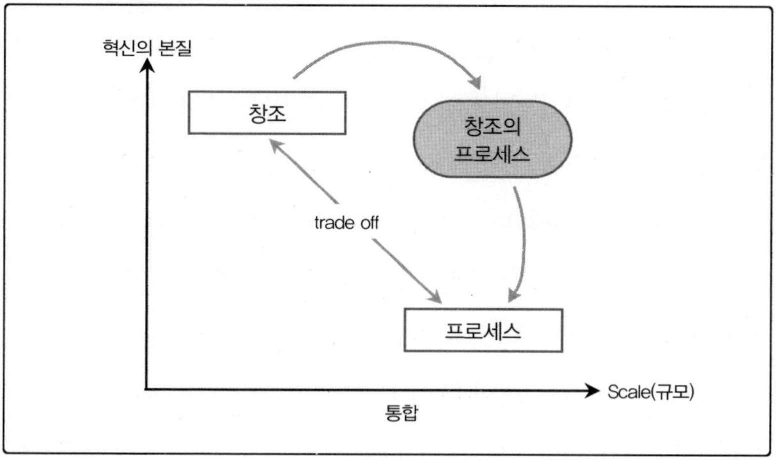

경지에 도달이다.

이것은 이노베이션의 방법 그 자체이다. [그림 5]는 노나카 이쿠지로(野中郁次郎) 히도츠바시 대학 명예교수가 『혁신의 본질』(2004)에서 제창한 혁신 모델을 필자가 재구성해 도식화 한 것이다.

루틴, 즉 틀을 지키는 것이 기본이다. 창의성이란 이 틀을 깨는 것이다. 그리고 '크리에이티브 루틴'이란 새롭게 탄생한 틀을 원래의 틀에 녹여내어 틀 자체를 진화시켜 나가는 것이다.

루틴을 틀, 크리에이티비티를 파격이라고 한다면, 크리에이티브 루틴은 기존의 틀을 새로운 틀에 맞게 바꾸는 프로세스라고 할 수 있다.

나가모리는 '수(守)', 즉 원리원칙의 철저함을 고집한다. 그리고 '개인의 스탠드 플레이를 경계하라.' (벤처기업이라 할지라도) 전원이 백터를 맞춰 통합력을 발휘하는 기업으로 진화시켜 가야한다고 강조한다.

한편 파(破)와 이(離)의 중요성도 설파한다. "탈피하지 않는 뱀은 죽는다."는 말은 나가모리가 즐겨 쓰는 상투어이다. "낡은 옷은 벗어버려라."고 말한다. "앞으로도 우리 회사는 맞지 않는 낡은 옷, 작은 옷은 벗고 몸에 맞는 새 옷을 입고, 변화의 선두를 달리는 기업으로 거듭나고 싶다."(『도전으로 가는 길』)고 말한다. Nidec의 시장개척방식이 '3 New(New Product, New Market, New Customer)'인 것은 앞서 살펴보았다. 파(破)란 무작정 자기부정을 하는 것이 아니다. 자신의 신념과 자사의 강점을 바탕으로 현업을 개선해가는 것이 바로 나가모리류 혁신의 본질이다. 따라서 이(離)도 돌연변이가 아닌 지속적 진화를 추구한다.

이나모리는 세이와쥬쿠에서 수파리(守破離)의 가르침을 반복적으로 설파했다고 한다. 수(守)에서는 정직한 마음으로 철저하게 배운다. 파(破)에서는 자신의 벽을 향해 도전한다. 그리고 이(離)에서는 깨달음의 경지를 지향한다.

그러나 "보통 일반인들이 깨달음의 경지를 얻는 것은 아마도 불가능하다."라고도 한다. 그래서 "그렇게 되기 위해 노력하는 것, 그 자체가 존귀한 것이다."라고 말한다. 이(離)는 목표가 아니다. 수파리(守破離)를 반복하면서 마음의 높이를 계속 지향하는 것 자체가 이나모리 철학의 정수이다.

習絶眞(습절진)

守破離는 원래 승려 센리큐가 『利休道歌』에서 "규범과 예법을 모두 지키고 깨뜨리지도 버리지도 근본을 잊지도 말라."고 노래한 것에서 비롯된 말이라고 한다.

여기서 키워드는 수파리 그 자체가 아니라 사실 마지막의 '근본을 잊지 말라.'이다. 틀을 지키고, 틀을 깨고, 틀에서 벗어나더라도 근본, 즉 본질적인 정신을 잊어서는 안 된다. 이나모리는 최근 저서에서 "모든 것은 마음에서 시작되고 마음에서 끝난다. 이것이야말로 내가 걸어온 80여 년 인생에서 체득한 최고의 지혜이며, 보다 더 잘 살아가기 위한 궁극의 비결이기도 하다."(『마음』)고 말한다.

이 영원한 회귀성이야말로 수파리의 본질이다. 그리고 거기에 구미식 변증법과의 본질적인 차이가 있다. 변증법은 플라톤과 아리스토텔레스 시대에 시작되어 헤겔이 체계화한 것이다. 정(테제) ⇒ 반(안티테제) ⇒ 합(진테제)이라는 3단 논법으로 새로운 관점을 여는 사고법이다.

정반합은 언뜻 보면 수파리와 같은 리듬처럼 보인다. 그러나 변증법은 '합'에서 다른 차원의 높이에 도달하는 것을 목표로 하는 반면, 수파리는 오히려 전체를 아우르는 큰 체계 속에서 운영되는 것이며, '리'에서는 그 전체에 둘러싸여 있음을 깨닫는 것이 목표이기도 하다.

그것이 깨달음의 경지이며, 이나모리가 말하는 우주의 뜻을 깨닫는 것이다. 변증법에서는 합리적 이성이 요구되는 반면, 수파리에서는 직관으로 체득하는 신체지(身體知)가 요구된다. 니시다 철학의 '절대모순적 자기 동일'의 세계관이다.

선에는 '습 · 절 · 진(習 · 絶 · 眞)'이라는 가르침이 있다. 먼저 열심히 배우고(습), 그것을 넘어(절), 마지막으로 올바른 경지(진)에 도달한다. '일즉다(一即多), 다즉일(多即一)'이라는 표현도 선의 가르침이다. 이나모리나 나가모리의 사상은 니시다 철학, 그리고 이 선의 가르침과도 서로 통하고 있다.

그것은 제2장에서 언급한 신 교토 학파 후쿠오카 신이치(福岡伸一)가 제창한 '동적 평형' 그 자체이기도 하다. 이나모리 경영, 그리고 나가모리 경영은 이 생명력을 바탕으로 강인하게 진화하는 경영을 추구한다. 이는 정적인 '좋은 회사'가 아니라 동적인 '활기찬 회사'의 모습이며 정말이지 교토에서 태어난 기업답다.

MORI 모델

지금까지 이나모리와 나가모리의 경영을 개괄적으로 살펴보았다. 지금까지 살펴본 바와 같이 MM 경영에는 많은 공통점이 있고 두 사람의 성씨 중 모리 - 이나모리(盛)과 나가모리(守) - 를 따와서 MORI 모델이라고 부르고자 한다(그림 6 참조). MORI는 〈Mindful〉 ×〈Objective-driven + Results-oriented〉 × 〈Inspire!〉의 줄임말이다.

〈Mindful〉이란 mind, 즉 마음의 힘이 온전히 발휘된 상태를 말한다. 그 중심에 있는 것은 이(理)나 이(利)가 아니라, 나가모리가 말하는 신(信念)이며, 이나모리가 말하는 진(眞我)이다.

최근 전 세계적으로 마인드풀니스(mindfulness, 마음 챙김) 붐이 일고 있는 것, 그리고 교토가 중심지라는 것은 앞서 제1장에서 언급한 바 있고 명상이나 좌선이 그 예법이다.

그러나 본질은 그런 방법이나 형식에 있는 것이 아니라 마음의 상태이다. 나가모리 류에 있어서는 꿈과 낭만으로 가득 차 있는가? 이나모리 류라면 거기에 우주의 뜻이 흐르고 있는가? 최근의 경영용어로 치자면 '퍼포스(purpose)'에 가깝다.

〈Objective-driven + Results-oriented〉란 Objective(목표)를 세우고 이를 향해 Results(성과)를 내는 것을 말한다. 이나모리는 실학(實學)이라고 부르고, 나가모리는 경영수법이라고 부른다. 최근 OKR이라는

[그림 6] MORI 모델

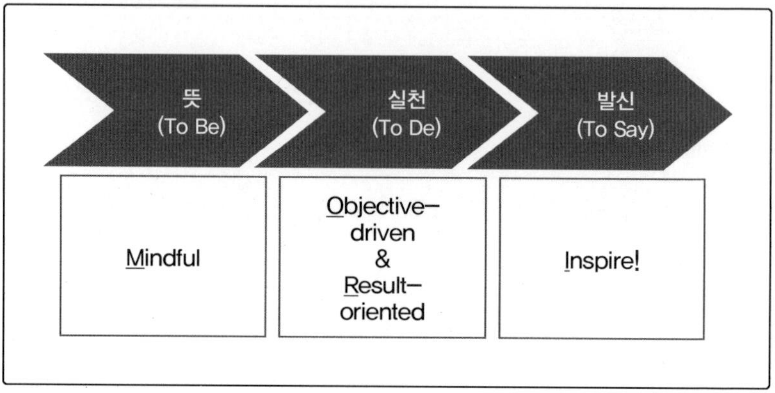

수법이 주목받고 있다. 기업의 목적을 달성하기 위해 달성 목표(Objectives)와 주요 성과(Key Results)를 연계하는 목표 관리 모델이다. 인텔이 1980년대에 개발한 것이지만, 90년대 후반에 구글이 채택하면서 단숨에 전 세계로 퍼져나갔다.

이전에 유행했던 밸런스 스코어카드(Balanced Score Card ; BSC)에 비해 간단하고, 더 자주 사용할 수 있다는 장점이 있는데, 가장 큰 장점은 창의적 조직에 적합하다는 점이다. 성과 평가에 직결되는 것이 아니라 주요성과의 70~80% 정도의 달성을 이상적으로 보기 때문이다. 그 결과, 보다 의욕적인 목표를 세울 수 있고, 실패를 두려워하지 않고 위험을 감수할 수 있게 된다. 여기서는 OR 〈Objective+Results〉이라는 축약판을 사용하기로 한다.

이나모리와 나가모리는 BSC나 OKR 등 외래유입의 모델에는 전혀 관심을 보이지 않는다. 왜냐하면 이런 모델이 등장하기 훨씬 전부터 목표(Objective)와 결과(Results)에 집착하는 우수한 수법을 독자적으로 개발하여 사용해 왔기 때문이다.

〈Inspire!〉는 마음을 움직인다는 뜻이다. 어원을 살펴보면, spire(숨을 불어넣다)라는 어간에 in(안으로)라는 접두사가 붙어서 만들어진 것이다. "(신이) 영혼에 숨을 불어넣다."라는 의미가 담겨있다. 어원이 나타내는 것처럼 이성이라기보다 신성의 세계이며 과학보다 종교의 세계이다. 오해의 염려가 없지 않지만 이론적 사고(logical thinking)가 아닌 세뇌(brain washing)가 열쇠를 쥐고 있다.

Why, What, How

영혼에 우주의 뜻을 불어넣는 것은 이나모리 철학의 정수이다. "사람을 움직이는 사람이 되라!"는 나가모리 마술의 원점이다. 어떻게 사람의 마음에 불을 지필 것인가? 두 사람의 경영을 이끄는 힘의 원천이라 하겠다.

앞서 말한 MORI 모델도 3박자로 구성되어 있다. 눈치 빠른 독자라면 이미 아시겠지만, 이는 두 사람의 경영에 공통되는 성공 방정식에서 도출된 것이기 때문이다.

〈Mindful〉은 사고방식을, 〈Objective + Results〉는 능력을, 〈Inspire!〉

는 열의로 바꿔 읽은 것에 지나지 않는다. 다만 이중에서 왜 능력이 OR이 되는지 이해하기 어려운 구석이 있을지 모르겠다. 뒤에서 내막을 공개하지만, 결론부터 말하자면 OR이야말로 나가모리가 말하는 무한한 잠재능력, 이나모리의 '미래진행형의 능력'을 이끌어내는 시스템이 되기 때문이다.

본서에서는 두 사람에게 통용되는 성공 방정식을 굳이 영어로 표현하고 싶다. 이는 이 경영모델이 일본에 국한된 것이 아니라 전 세계에 통용되는 차세대 모델이라는 점을 강조하고 싶기 때문이다.

좀 더 추상화하면 Mindful은 Why, Objective + Results는 What, 그리고 Inspire!는 How라는 경영의 본질적인 물음에 답한 것이다. MORI 모델은 일본 그리고 세계에 차세대 경영모델의 방향을 제시해 줄 것이다. 다음 장부터는 이들 3대 구성요소에 대해 하나씩 파고 들어가 보고자 한다.

제7장 대의와 대지 Mindfulness

태초에 뜻이 있어

이 장에서는 MM 경영을 마인드풀(Mindful)이라는 관점에서 살펴보고자 한다. 두 사람의 성공 방정식에서 사고방식이라고 불리는 요소이다. 그것은 '우리는 무엇을 위해 사는가?'(Why)라는 심오한 질문에서 출발하고 있다.

이 물음에 대한 나가모리의 답은 세 가지로 간단히 말할 수 있다. 세상에 없어서는 안 될 것을 제공하는 것, 남들이 하지 않는 것을 하는 것과 반드시 그 분야에서 최고가 되어야 한다는 것이다.

왜 최고 기업이 되어야 하는가? 디지털 시대에는 'Winner Takes All(최고 기업이 모든 것을 차지한다)'이라는 말이 성공의 법칙이란 것을 구미와 중국기업을 주 고객으로 삼는 나가모리는 잘 알고 있다. 그래서 "2등 이하는 꼴찌와 같다."라고 나가모리 식의 알기 쉬운 말로 표현한다.

그러면 왜 충분한 수익이 필요한 것인가? 수익을 바탕으로 성장해야 하기 때문이다. '기업의 활성화'가 자주 논의되곤 하지만 그 지름길은 회사를 성장시키는 것이다(『정열 · 열정 · 집념의 경영』).

나가모리에 있어서 기업 최대의 사회공헌은 고용을 지키고 확대해 가는 것이다. 하지만 현실은 불황이 시작되면 바로 인원삭감에 나서는 무책임한 경영자가 너무도 많다.

나가모리는 일본 내에서 회사가 '공적 그릇'이라는 의식이 많이 부족하다고 한탄한다. 이익을 늘려가며 이를 재투자함으로써 사회에 널리 부가가치를 보급하는 것이야말로 회사가 공적 그릇인 이유라고 말한다. 이 같은 기본적 의무조차 다하지 않은 채 그저 살아만 있는 기업을 사회주의적 공기(公器)라고 단죄한다. 그는 "일본인과 너무 깊이 사귀면 사회주의자가 된다."고 중국인들끼리 속삭이는 웃지 못할 이야기를 들려준다. 일본보다도 중국의 기업들이 훨씬 더 자본주의적 역할에 충실하다는 이야기이다.

나가모리는 경영의 원점은 "항상 시작에 뜻이 있어야 한다."(『도전으로 가는 길』)고 말한다. 그리고 이것은 나가모리 자신의 인생철학이기도 하다.

이타의 마음

이나모리는 이타의 마음 혹은 무아(나 자신을 배제한)의 마음을 강조한다. 이나모리 경영의 키워드는 "동기는 선한가? 사심은 없는가?"이다. 이나모리가 KDDI를 설립할 때 이 말을 스스로에게 매번 되묻고 나서야 창업을 결심했다는 에피소드는 유명하다.

이 단어는 KDDI철학에서만 언급되어 있는 것이 아니다. 예를 들어, 『교세라 철학』에서도 다음과 같이 설명하고 있다.

"선이란 보편적으로 좋은 것이며, 보편적이라는 것은 누가 보더라도 그렇다는 것이다. 자신의 이익이나 편의, 취향 등이 아니라, 동기가 다른 사람에게도 받아들여질 수 있는 것이어야 한다. 또한, 일을 진행함에 있어 '사심은 없는가?'라는 물음이 필요하다. 자신의 마음, 자기중심적 발상으로 일을 처리하고 있지는 않은 지 점검하지 않으면 안 된다"

또한 다음과 같이 설파한다.

"동기가 선하고 사심이 없으면 결과는 따질 필요가 없다. 반드시 성공할 것이다."

"이타심, 삼방선(三方善), 논어와 주판"과 같은 동양 사상에 통하는 철학이다. 그러나 개인주의와 자본주의를 신봉해 온 구미인들에게는 쉽게 이해될 수 있는 말이 아니다.

예를 들어, 하버드 비즈니스 스쿨의 강사이자 이나모리의 사례연구를 쓴 앤서니 메이요(Anthony Mayo)는 다음과 같이 말한다.

"대부분의 사람들이 이 인과관계를 이해하는 것은 쉽지 않다. 상대방에 경의를 표하는 것이 어떻게 좋은 결과로 연결될 수 있을까? 사람으로서 옳은 일을 하는 것이 어떻게 기업의 성공으로 이어질 수 있을까?"(『다이아몬드 하버드 비즈니스 리뷰』 2015년9월)

메이요는 직원, 더 나아가 모든 관계자를 중심에 둔 경영이 강력한 차별화 요인이 되어 기업의 지속적 발전을 가져온다는 사실을 비로소 깨닫게 되었다고 한다. 아울러 이는 구미뿐 아니라 더 나아가 세계에서도 통용되는 경영 사상이라고 말한다.

"경영자에게 있어 진정한 시련은 과감한 발상의 전환을 할 수 있는지, 기업 경영은 원대한 목표를 가진 숭고한 일이라고 스스로 믿을 수 있는지의 여부이다."(전게서)

이나모리는 인수한 미국기업의 현지 경영자와 인간의 본질이 무엇인지에 대해 철저한 토론을 통해 자신의 철학에 대한 공감을 이끌어냈다. 이 같은 장면이 JAL의 기업회생극에서도 훌륭하게 재현된 것은 앞서 언급한 바 있다. 이나모리 철학에 공감한 이들은 이후 눈부시게 달라진 경영실적을 스스로 실현해 내었다.

이나모리는 대의라는 말을 즐겨 사용한다. 그리고 그것은 뜻(志)과 같지 않다고 한다.

"뜻은 개인적인 목표도 포함하지만, 대의라는 것은 이기심이 아니라 자신을 초월한 곳에 의미를 두는 것이다."(『이나모리 가즈오의 철학』)

참으로 이나모리다운 고집스런 일면이다. 이나모리는 대의를 말하고, 나가모리는 뜻을 이야기한다. 이 미묘한 차이에 대해서는 본 장 마지막에서 다시 한 번 고찰해 볼 것이다.

생각의 힘

이나모리는 『교세라 철학』의 한 구절에서 '꿈을 그리는 것'의 중요성을 강조한다.

"높고 멋진 꿈을 그려가며, 그 꿈을 평생에 걸쳐 좇아가는 것이다. 그러면 그것이 삶의 보람이 되어, 틀림없이 자신의 인생도 즐겁게 될 것이다. 반대로 꿈을 꾸지 못하는 사람에게는 창조도 성공도 없으며, 인간적 성장도 없다."라고 말한다.

이나모리는 꿈을 생각이라는 단어로 표현할 때가 많다.

"교세라나 KDDI, JAL도 처음부터 성공이 예견되었던 것은 결코 아니다. 모두 처음에는 공상 같은 생각, 어떻게든 해내겠다는 생각에서 시작되었다."(『치치』 2021년 4월호)

2014년 10월, 이나모리가 모교인 가고시마 교쿠류 고교(玉龍高校)

재학생들 앞에서 한 말이다. 강연의 주제는 "너의 생각은 반드시 이루어진다."였다.

"그러나 공상 같은 생각을 강하게 품고 누구에게도 지지 않는 노력을 계속함으로써, 생각이 창조를 훨씬 뛰어넘는 멋진 미래를 가져다준 것이다. 생각이란 것은 그만큼 멋지고 강력한 힘을 지니고 있다."(전게서)

이나모리는 장기 계획 같은 것을 세워 본 적이 없다고 한다. 그것은 계획이 아니라 꿈이어야 한다. 10년 후, 30년 후의 교세라의 이미지를 선명하게 그려야 한다. 그것도 총천연색으로 꿈꾸는 것이 중요하다고 한다.

"눈을 감고 성공한 모습을 상상해 보았을 때, 그 모습을 잘 떠올릴 수 있다면, 그것은 반드시 실현될 것이다."(『삶의 방식』)

"아무리 회사가 커지더라도 우리는 미래의 꿈을 그리며, 강렬한 생각을 마음 속 깊이 품은 개척자로서 삶을 이어가야 한다."(『교세라 철학』)

꿈을 좇는 이

꿈을 향한 나가모리의 마음은 더욱 강렬하다.

나가모리는 스스로를 꿈꾸는 몽상가라고 부른다. "내 생각과 행동의 에너지, 힘의 원천은 여기에 있다."(『도전으로 가는 길』)

그리고 "꿈을 구체화하는 것이 경영이다."(『정열 · 열의 · 집념의 경영』)라고 단호하게 말한다.

Nidec의 기업 슬로건은 'All for Dreams'이다. 바로 나가모리의 마음을 응축한 것이다. 전 그룹 임직원이 하나가 되어 꿈을 실현하는 집단이 되어 항상 도전과 성장을 추구할 것을 약속하고 있다. 그리고 이해관계자의 꿈을 위해 기업 활동을 전개하고 기업가치 향상을 위해 노력할 것을 다짐한다.

이를 다음과 같은 생각에 담고 있다.

꿈은 우리의 원점.
꿈은 우리의 원동력.
꿈은 우리가 만들어가는 미래.
세계의 꿈, 사람들의 꿈, 그리고 우리들의 꿈.
꿈을 꾸는 것에서,
새로운 것을 창조하는 열정과 아이디어가 생겨나고,
세상에 없는 기술과 성능을 가진 제품이 만들어진다.
All for dreams — 모든 것은 꿈을 위하여,
우리시대에 꿈이 있는 한,
Nidec 그룹은 도전합니다.

세계와 사람들의 (오늘과) 내일을 위해,
세계 최초, 세계 최고를 추구하는 기술과 제품으로,
쾌적한 사회 만들기에 기여해 나아가겠습니다.

하지만, 단지 꿈만 꾸는 것은 꿈으로 끝납니다. 나가모리는 "큰 꽃을 피울 준비를 게을리하지 않는 자만이 꿈을 실현할 수 있다."고 힘주어 말한다. 그리고 꿈의 실현을 향해 자기 변혁의 필요성을 강조한다. "낭만을 가질 수 있는 사람은 자신의 삶을 바꾼다."(『도전으로 가는 길』)

이처럼 나가모리는 곧잘 꿈을 로망(낭만)이라는 단어로 대체하곤 한다. 꿈은 한순간에 사라질 가능성이 있지만, 로망은 장편으로서 스토리성을 가지고 있기 때문일 것이다.

"나는 (창업) 당시부터 꿈과 로망을 갖는 것이 미래를 구매하는 것이라 생각했다. (중략) 정열, 열의, 집념만 있다면 확실하게 손에 넣을 수 있다고 나는 굳게 믿고 있다."

그리고 경영자로서의 각오를 다음과 같이 단언한다.

"나는 목숨이 있는 한 Nidec의 최전선에서 계속 일하고 싶다. 그것은 우리 회사의 젊은 직원들의 꿈과 로망의 실현을 하나라도 더 지켜보고 싶기 때문이다."(『사람을 움직이는 사람이 되어라!』)

신념의 원동력

뜻을 세우고 꿈을 그린다. 그러나 그것이 그림의 떡으로 끝나지 않게 하려면 '마음속 에너지'를 계속 불태워야 한다.

나가모리는 그것이 바로 인간성의 근원이라고 말한다.

"인간은 태어날 때부터 자신의 삶을 개척해 나갈 수 있는 능력을 가지고 있다. 따라서 자기 자신을 믿고 끊임없이 미래에 도전하는 것이 중요하다. 믿는 대로 되는 것이 인생이다."(『도전으로 가는 길』)

믿는 힘, 즉 신념이 실현을 향한 원동력이 되기 때문이다. 참고로 '신(信)'이란 '말하는 사람', 즉 맹세를 내세워 성실하게 약속을 이행하는 것이다. 그리고 '념(念)'은 '지금을 생각하는 마음', 즉 미래를 염려하지 않고, 과거에 집착하지 않고, 지금 이 순간 현실을 직시하는 것을 말한다. 신의 가호에 의지하지 않고, 스스로 뜻을 가지고 꿈을 향해, 현실을 미래로 개척해 나가는 것이 신념이다.

이나모리는 『교세라 철학』의 "신념을 관철하다."라는 구절에서 다음과 같이 말하고 있다. "일을 하는 과정에는 여러 가지 장애물이 있지만, 이를 어떻게 극복하느냐에 따라 결과는 크게 달라진다. 뭔가 새로운 일을 하려고 하면 반대 의견이나 여러 가지 장애물이 튀어나오기 마련이다. 그런 일이 생기면 바로 포기해 버리는 사람이 있지만, 훌륭한 일을 해낸 사람들은 이 모든 장벽을 높은 이상에 바탕을 둔 신념으로 무너뜨린 이들이다. 그런 사람들은 시련을 정면에서 직시하고 스스로 신념을 높이 내걸고 앞서 나간다. 신념을 관철하기 위해서는 엄청난 용기가 필요하지만, 이것이 없다면 혁신적이고 창의적인 일은 할 수 없다."

그리고 이를 위해서는 무한한 가능성을 믿는 긍정적 사고에서 출발해야 한다고 말한다.

"무언가를 하려고 할 때 먼저 '인간의 능력은 무한하다.'는 것을 믿고, '어떻게든 해내고 말겠다.'는 강한 의지로 노력을 계속하는 것이다. 무에서 출발한 교세라가 세계 최고의 제조업체가 된 것은 바로 이 사실을 증명하는 것이다. 항상 자신의 무한한 가능성을 믿고 용기를 가지고 도전하는 자세가 중요하다."

또한, 신념이 잠재의식에까지 침투하는 간절한 갈망이 되어야 한다고 강조한다.

"높은 목표를 달성하기 위해서는 먼저 '그렇게 되고 싶다.'는 강하고 지속적인 염원을 가져야 한다. (중략) 순수하고 간절한 갈망을 자나 깨나, 거듭 반복해서 생각할 때 비로소 잠재의식에까지 스며들어 가는 것이다. 이런 상태가 되었을 때, 평소에 머리로만 생각하고 있는 자신과는 달리 자고 있을 때에도 잠재의식이 강력한 힘을 발휘하여 갈망을 실현하는 방향으로 나아가게 하는 것이다."

그리고 신념은 시련을 성장의 기회로 바꾸는 원동력이라고 말한다.

“어떤 어려움에 부딪히더라도 신념만 있으면 스스로를 격려하며 좌절하지 않고 해낼 수 있다. 그러기 위해서는 훌륭한 경영이념을 만드는 것뿐만 아니라 그것을 신념으로까지 끌어올리는 것이 무엇보다 중요하다.”고 말한다.

또한 저서 『마음』에서는 신념(=생각)을 잊어버린 일본의 모습을 다음과 같이 개탄한다.

“지금 우리는 이 생각의 소중함을 어딘가에서 잊어버린 것은 아닐까? 머리로 ‘생각하는 것’만을 중시하는 것 같아서 안타깝다.”

이념과 신념의 차이점을 알아보자. 이념은 순수하게 이성에 의해 만들어진 초경험적 최고의 이상적 개념이다. 플라톤의 ‘이데아론’에서 유래한 것이다. 이나모리 류로 말하자면 머리(이성)로 생각해 내는 것이며 필자는 이를 ‘객관정의’로 칭한다. SDGs는 요컨대 객관정의(客觀正義)의 현대판이다.

이에 반해 신념은 자신이 옳다고 굳게 믿고 의심하지 않는 마음을 가리킨다. 이나모리 류로 말하자면, 마음(=眞我) 속 깊이 자기화한 것이다. 필자는 이를 주관정의(主觀正義)라고 부른다.

SDGs에 제시된 세계 공통의 이념을 자신의 생각으로 대체한 것, 더 나아가 SDGs를 뛰어넘는 자신만의 생각이 담겨야 한다. 이 점에 대해서는 마지막 장에서 깊이 있게 다루고자 한다.

미션(사명)에서 목적(지향점)으로

과거 기업에는 세 가지 축이 필요하다고 여겨져 왔다. 미션, 비전, 가치가 바로 그 세 가지 축이다.

미션은 하늘이 부여한 사명이다. 애초에 그 기업이 왜 존재하는가? Why라는 물음에 대한 답이다. 비전이란 미래상을 말한다. 기업이 지향하는 미래는 어떤 모습인가? What이라는 물음에 대한 답이다. 가치란 기업으로서 소중히 여기는 가치관이다. 미션과 비전을 어떻게 실현해 나갈 것인가? 어떻게(How)라는 물음에 대한 답이다.

많은 기업들은 이 전통적 방식을 고수하며 자신들의 MVV(미션-비전-벨류)를 얌전하게 외치고 있다. 자사 홈페이지를 살펴보는 것도 좋은 방법이다. 타사와 비교해 보는 것도 좋을 것이다. 다음과 같은 상투적인 문구가 줄줄이 적혀 있는 것을 발견할 수 있을 것이다.

미션에서는 '멋진 내일을 창조하기 위해', '마음이 풍요로운 사회를 실현하기 위해' 등이 일례이다. 비전에서는 '미래 창조 기업', '사회 공헌 기업' 등이 최근 유행하고 있다. 그리고 가치에서는 '진심(또는 성실)'이나 '도전' 등이 판에 박힌 듯 나열되어 있다.

물론 틀린 것도 아니고, 나쁜 이야기도 아니다. 다만 너무 교과서적이고 우등생의 전형과 같아서 달리 개성도 매력도 느껴지지 않는다. 이래서야 직원은 물론이고 고객이나 우리사회가 진심으로 감동하거나 공감하는 것을 기대하기 어렵다.

애초에 미션이라는 단어가 번지수를 잘못 짚었다. 이는 기독교에서 나온 말로, 그리스도께서 제자들에게 복음을 전하라고 내린 지시 사항을 가리킨다. 거기서 한 발 더 나아가 영화 '미션 임파서블'에서처럼 위로부터 주어진 특수 임무를 가리키기도 한다. 어느 쪽이든 외부(신이든 상부이든)에서 부여한 사명이란 말이다.

비전은 소망, 그리고 공상의 산물이다. 현실의 반대인 경우가 대부분이며 실제로는 현실 도피에 불과하다. 불교로 치자면 현세에 대한 내세를 가리킨다.

가치란 지켜야 할 규율이나 행동 규범을 내세운다. '~해야 한다', '~해서는 안 된다'라는 말이 나온다. 이것도 종교상의 계율과 같은 종류의 것이다. 어쨌든 모두 외부로부터의 가르침이라는 점에서 공통점이 있다. 물론 그 종교에 깊이 귀의한 사람에게는 의지하고 싶은 가르침일 수도 있다. 그러나 외부에서 주어진 가르침은 고맙기는 하지만 자기 것으로 만들기는 어렵다.

MVV에서 PDB로

지금 세계의 우수 기업들은 미션이 아닌 퍼포스(purpose)라는 단어를 사용한다. 퍼포스는 한 사람 한 사람의 내면에서 솟아나는 생각의 발산이다. 목적이나 의도로 번역되는 경우가 많지만 필자는 '지(志)'라고 부른다. 목적이나 의도가 지성의 산물인 반면, 지(志)는 글자그대로 '士心', 즉 심성의 산물이어야 한다.

또한 비전보다는 꿈이라는 단어가 선호된다. 단순한 공상이 아니라 실현하고픈 꿈이다. 그리고 이것은 못다 이룬 꿈이 아니라 바른 꿈이 되어야 하는 것이다. 그러기 위해서는 이나모리나 나가모리처럼 컬러(구체성)로 채색된 꿈이어야 한다.

가치는 신념으로 대체될 수 있다. 홈페이지나 벽에 붙여 놓은 가치관이 아니라 자신의 마음속 깊이 새겨진 신념이다. 존슨앤드존슨의 유명한 우리의 신조(Our Credo)가 이에 가깝다. 다만, 일본에서는 무슨 영문인지 나의 신조로 번역되어 있는데, 이는 명백한 오역이다. 정확하게는 우리의 신조이다. 나와 우리의 차이가 얼마나 중요한지에 대해서는 마지막 장에서 논하고자 한다.

이와 같이 20세기 기업의 축으로 여겨졌던 MVV는 21세기에 들어서 퍼포스 드림 빌리프(Purpose Dream Belief)로 진화시켜 나아가야 한다. MVV가 외생적인 성향이라면 PDB는 내생적인 것이다. 필자는 객관정의에서 주관정의로의 패러다임 시프트로 보고 있으며 자기화의 유무가 이들 간의 본질적 차이점이라 생각한다.

이나모리도 나가모리도 MVV 등의 판에 박힌 격식 따위와는 인연이 멀다. 앞서 언급했듯이 두 사람 모두 사명(mission)이 아닌 지명(志

[그림 7] MVV에서 PDB로

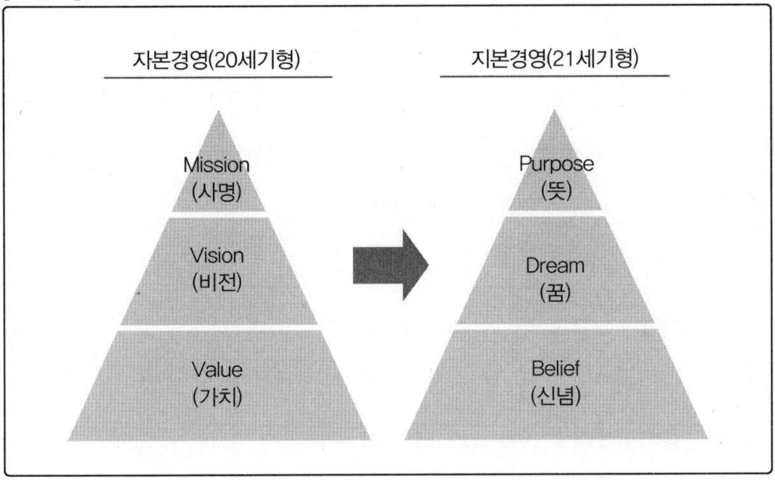

命)에서 출발했다. 비전(vision)이 아닌 색깔 있는 꿈을 꾼다. 그리고 가치(value)를 확고하게 신념의 수준까지 승화시켜 마음속에 새겨둔다.

세계는 최근에서야 비로소 PDB라는 경영모델에 눈뜨기 시작했지만 이나모리와 나가모리는 반세기 전부터 이를 실천해 왔다. MM모델이야말로 차세대 경영의 본연의 모습을, 변함없는 성과를 통해 전 세계에 제시하고 있다고 하겠다.

두근두근 · 아니라면 · 할 수 있다!

MVV를 대체하는 PDB도 관건은 중심축 맞추기(얼라이먼트)에 있다. 흔들림 없이 정확히 정렬되어 있는지 여부이다. 그러기 위해서는 먼저 P, 즉 지(志, 뜻)의 축을 제대로 세우지 않으면 안 된다.

메이지유신의 사상적 지주였던 요시다쇼인(吉田松陰)은 뜻을 무엇보다 중시했다. 2015년 NHK 대하드라마 '하나모유(花燃ゆ)'에서 요시다가 다카스기신사쿠(高杉晋作)에게 "당신의 뜻은 무엇이냐?"고 묻는 장면을 기억하고 있는가? 메이지유신에서 활약한 쇼카손쥬쿠의 학생들은 요시다에게서 '지(志)로부터 시작하라'는 가르침을 철저히 전수받았다.

그로부터 150년 이상이 지난 지금, 실리콘밸리에서는 MTP(Massive Transformative Purpose)가 주문처럼 제창되고 있다. 직역하면 '거대하고 혁명적인 목적'이란 말이다. 디지털 경제에서 성공하기 위한 가장 중요한 필요조건으로 손꼽힌다. 여기서도 '목표부터 시작하라'이다. MTP라고 하면 너무 거창해서 구글에서는 '문샷(Moon Shot, 달을 겨냥한 듯한 장대한 생각)'이라고 부른다. 필자가 기업 혁신을 거들고 있을 당시에는 북극성이라고 부르기로 했다. 그리고 그 북극성은 다음과 같은 세 가지 요건을 갖춰야 한다.

첫 번째는 '두근두근'이다. 듣기만 해도 가슴이 뛰는 고양감이

절로 퍼져 나가는가? 두 번째는 '아니라면'으로 그 기업의 독창성이 명확하게 드러나고 있는가? 마지막 세 번째는 '할 수 있다!'라는 요건이다. 사내는 물론이고 사외의 사람들도 실현 가능성을 확신하고 있는가?로 표현할 수 있다

한마디로 말해서 주관정의를 묻고 있는 것이다. SDGs의 17장의 카드를 아무리 뒤섞어 봐도 이 세 가지의 요건을 충족시킬 수는 없다.

교세라는 경천애인(敬天愛人)을 내걸고 있다. 이나모리가 존경하는 사이고 다카모리(西鄕隆盛)의 말이다. 그리고 '마음을 바탕으로 경영한다.'가 모토이다. 여기에도 이나모리 철학이 응축되어 있다.

Nidec의 사훈이 All for Dreams인 것은 앞서 언급한 바 있지만 여기서도 나가모리 철학의 정수가 고스란히 담겨 있다.

이렇게 나열하면서 정리해 보면 두 사람의 차이점도 선명하게 드러난다. 이나모리는 우주의 뜻이라는 대의를 소중히 여긴다. 우주 속에 충만한 기(氣)가 자신의 마음을 통해 발산된다. 그것이 대의이고 큰 뜻이기 때문이다.

그에 비해 나가모리는 그렇게 거창한 생각을 말하고 있지는 않다. 현실세계 속에서 뜻을 세우고, 꿈을 좇으며, 신념으로 만들어 가는 것이다. 이나모리가 영혼(靈魂)이라는 단어로 영원한 세계, 더 나아가 내세까지를 생각하는 데 반해, 나가모리는 어디까지나 현세에 머물

며 거기서 필사적으로 꿈을 실현하려고 노력한다.

이나모리에 비하면 작은 뜻일지도 모른다. 그러나 평범한 사람이 뜻을 세움으로써 일개 졸병에서 장수로 변신하여 찬란한 성과를 거둘 수 있음을 외치는 모습에서, 나가모리 사상의 폭넓은 저변을 느낄 수 있다. 선종으로 출가해 깨달음을 추구하는 이나모리와는 상반되게, 정토진종의 생각하는 힘을 믿는 나가모리가 보다 서민적 세계관에 머물고 있다고 볼 수도 있을 것 같다. 이들에게서 교토가 낳은, 각각의 영역에서 공존해가는 지역정서마저 느끼게 된다.

지본주의를 향해서

그런 나가모리도 최근 종파 바꾸기를 시작했다고 한다.

"이나모리 씨가 한 20여 년 전부터 마음의 아름다움, 이타심 등을 많이 말씀하셨던 것 같은데 사실 저는 세세한 것들을 콕콕 짚어주는 이나모리 씨를 좋아했지만, 솔직히 '경영은 그렇게 말처럼 되지 않는다'고, 왠지 겉치레로만 여겼지요. 그런데 저 역시 최근 들어 이나모리 씨와 같은 말을 하고 있습니다(웃음)." "역시 올바른 것이 모든 것에 우선한다고 생각하니 이나모리 씨의 철학에 공감하는 부분이 많아졌어요. 오랜 시간 동안 이나모리 씨에게서 느꼈던 갭이 이제서야 메워지는 느낌을 받고 있는 중입니다."(『치치』 2021년 4월호)

나가모리는 Nidec의 글로벌경영대학에서 '100년 후에도 성장을 지속하는 기업', '세상을 위해, 사람들을 위해', '없어지면 다들 난처해지는' 그런 기업을 지향해야 한다고 말한다. 또한 동력을 바탕으로 사람과 사회의 어려움을 앞장서서 해결하는 그런 기업을 지향하자고 말한다.

이나모리도 나가모리도 종교인에 가까운 신념을 지니고 있다. 그리고 뜻에서 출발하여 꿈을 계속 좇는다. 그것이 바로 MORI 모델의 M, 즉 마인드풀의 특징인 것이다.

미국 서해안을 근거지로 마인드풀니스 활동이 전 세계로 확산 중에 있고 그 중심지가 교토라는 것도 제1장에서 기술한 바 있다. Nidec의 글로벌경영대학에서는 해외의 경영자들을 안내해 이나모리가 출가한 원복사와 같은 임제종의 묘심사파 퇴장원에서 하루 종일 좌선을 체험하게 한다. 그리고 영어에 능통한 마쓰야마 다이코(松山大耕) 부주지승에게서 선에 대한 가르침을 받는다.

미국식 마음챙김과 일본의 선은 본질적으로 다르다. 마쓰야마 선사는 이를 목적이 다름으로 설명한다.

마음챙김의 명상은 집중력을 높이거나 건강과 행복을 목표로 삼는다. 즉 이익(이득)을 목적으로 하는 공리적 발상에 기초한 것이다. 반면, 선에 의한 명상은 어떤 이득을 추구하는 것이 아니다. 그 행위 자체가 목적이기 때문이다. 게다가 깨달음조차도 목적이 아니라고 설파한다.

“그 결과 깨달음을 얻었다고 해도 그것으로 만족하고 끝내서는 안 된다고 선에서는 생각합니다. 중요한 것은 깨달음을 얻었으면 그 경험을 세상을 위해 써야 한다는 것입니다. 선의 수행은 어디까지나 그 수단일 뿐입니다.”(마츠야마 다이코, 『비즈니스 선 입문』, 2016)

이나모리 류의 마음챙김은 이러한 높은 뜻을 바탕으로 이타적 행동을 수반하는 것이어야 한다. 일시적 유행을 넘어선 이 불변의 경영사상이야말로 필자가 제창하는 지본경영의 본질이다. 이 점에 대해서는 마지막 장에서 더 깊이 생각해 보고자 한다.

제8장 경영의 요체
Objective-driven, Results-oriented

나의 이득과 남의 이득

이 장에서는 MM 경영의 능력 향상의 방법론을 검토해 보고자 한다. 결론부터 말하자면, 목표 설정(Objective-driven)과 성과에 대한 철저한 집착(Results-oriented)이 중요한 역할을 하고 있다.

이나모리는 마음의 중요성을 설파하는 한편, 숫자가 경영의 기본이라고 덧붙이기를 주저하지 않는다. 전자가 철학이고, 후자가 아메바 경영에 기반한 수익성 관리이다. 그야말로 '논어와 주판'이다.

이나모리 경영의 기본은 매출 최대, 경비 최소로 지극히 단순하다. 이를 달성하기 위한 가격 결정이 곧 경영이며, 여기에다 비용 절감을 연동시켜야 한다. 그리고 시간당 채산성을 고려함으로써 속도를 중시하고 생산성을 향상시킨다. 바로 일본식 오퍼레이션 엑설런스의 대표적 사례라고 할 수 있다.

이나모리 경영의 특징은 이를 아메바라는 소집단 단위로 철저하게 실행하는 데 있다. 기업을 지탱하기 위해 독자적 관리회계 시스템을 만들어 각 아메바에게 수익 책임을 떠맡긴다.

그러나 그것만으로는 아메바 단위의 부분 최적화에 빠지기 쉽다. 따라서 아메바의 리더는 철학에 따른 행동이 요구된다.

"리더는 같은 회사에서 일하는 동지로서 회사 전체의 시야에 서서 '인간으로서 무엇이 옳은가'라는 한 가지 기준 하에서 판단하지 않으면 안 된다. 자신의 아메바를 유지하면서 발전시키는 것이 전제이지만, 동시에 회사 전체를 우선시하는 이타적인 마음을 갖지 않으면 아메바 경영을 성공시킬 수 없다."(『아메바 경영』)

바로 자이이타(自利利他)의 정신이다. 이 같은 아메바 경영의 실천을 통해 이나모리 철학을 체득한 경영자가 성장하게 되는데, 교세라 사장을 10년간 역임한 이토 겐스케(伊藤健介), KDDI 사장을 9년간 역임한 오노데라 다다시(小野寺正), 기업회생 후의 JAL의 초대사장 오니시 겐(大西賢) 등은 모두 이나모리의 문하생이다. 아메바 경영을 단순히 자율분산형 경영, 혹은 독립채산제 관리라는 일면으로만 본다면 본질을 크게 오해할 수 있다. 반드시 철학과 세트로 도입할 필요가 있다. M&A를 거듭하며 성장해온 KDDI에 있어서도, JAL의 기업회생극에 있어서도 이 같은 사고방식과 시스템을 일체화하는 것이야 말로 성공의 열쇠였음을 잊어서는 안 된다.

경영은 숫자

나가모리도 "경영은 결국 숫자가 중요하다."고 말한다. "꿈과 낭만을 이야기하는 것만큼이나 회사의 저력, 가능성을 구체적인 수치로 머릿속에 새겨두는 것이 경영자의 첫 번째 조건이다."(『도전하는 길』)

나가모리는 "사업의 기본은 판매"라고 단언한다. "첫째가 판매, 둘째 셋째 넷째는 없고 다섯 번째가 기술개발"이라는 것이 그의 입버릇 같은 상투어이다. 그리고 QCDSSD(Quality품질, Cost비용, Delivery납기, Service서비스, Speed속도, Differentiation차별화)의 책임을 영업으로 일원화한다. 나가모리 경영의 힘의 원천은 바로 압도적인 영업력에 있다.

Nidec에는 '영업총괄'이라는 직책이 있는데 다른 기업에 있는 최고전략책임자(Chief Strategy Officer)도 아니고, 요즘 유행하는 최고지속가능경영책임자(Chief Sustainability Officer)도 아니다. 'Chief Sales Officer(최고영업책임자)'이다. 창업 때부터 나가모리를 보좌해 온 고베히로시(小部博志) 부회장이 담당하고 있다.

한편, 기술 및 생산 부문에는 속도와 비용 의식을 철저하게 주입한다. 기술 과신을 경계하고 시장에서 통용되는 제품을 만드는 데 전념하도록 한다. "엔지니어는 자신이 설계한 제품이 고객으로부터

퇴짜를 맞거나 경쟁사 제품에 비해 열등할 때에는 부끄러워해야 한다."(『도전으로 가는 길』)

기술입국을 목표로 했던 일본이 기술에서 이기고 사업에서 지는 일을 반복해 왔다. 하지만 나가모리 경영은 그런 일본병과는 무관하다.

나가모리는 아메바 경영과 같은 자율분산 경영은 하지 않는다. 어디까지나 사업부제를 기본으로 삼고 있다. 말하자면 공장 이익센터제이며, 히타치제작소나 미쓰비시중공업 등 일본의 전통적 제조업체가 오랫동안 채택해 온 관리 회계시스템이다. Nidec에서는 고객이 왕이기는 하지만 이들에게 시장가격을 고려해 10%이상의 수익확보를 요구한다. 이는 일본의 타제조업체와는 비교가 안 될 정도의 수치이며 시장과 연계하면서도 회사전체가 하나가 되어 이익을 창출하는 시스템이 철저하게 구축되어 있는 것이다.

"아메바 경영과는 다른 방식으로도 실적이 쑥쑥 올라간다는 것을 스스로 증명했다."(『치치』 2021년 4월호)며 나가모리는 자랑스럽게 말한다.

비즈니스 스쿨의 관리회계 수업에서는 BSC나 OKR 등의 목표관리 시스템을 가르친다. 하지만 시스템 자체는 어디까지나 도구에 불과하다. 아무리 좋은 시스템을 마련해도 목표(Objective)를 잘못 설정하거나 결과(Results)를 중시하는 조직문화가 없다면 성공은 요원

하다.

반대로, 겉보기에는 그저 당연하게만 보이는 도구라 할지라도 경영진이 이를 철저하게 활용하면 이를 통해 지속적 성장을 실현할 수 있다는 사실을 MM 모델이 보여주고 있다. 동서를 불문하고 "경영은 실천"인 것이다.

'지향하는' 힘

이나모리도 나가모리도 전략이라는 진부한 단어를 좋아하지 않는다. 이나모리는 전략으로는 지속 가능한 미래를 개척할 수 없다고 단언한다.

"경영을 하려면 경영 전략과 전술이 중요하다고 일반적으로 말하지만, 신명을 바쳐 열심히 일하는 것 외에는 성공할 수 있는 길은 없다고 생각한다."(세이와쥬쿠 대담 2008년7월)

그는 KDDI의 창업을 회고하며 다음과 같이 말했다. "전략과 전술을 짜본들, 너무 어려운 사업이라며 모두가 주저하고 망설일 때, '세상을 위해, 사람들을 위해'라는 순수한 마음을 신념으로 승화시켜 그저 열심히 노력한 DDI만이 혼자 살아남아 성공할 수 있었다."

20세기 초 영국 사상가 제임스 앨런의 말처럼 "순수하고 고귀한 생각에는 놀라운 힘이 숨겨져 있다."(세이와쥬쿠에서의 담화, 2007년

12월)

그렇다면 이나모리 경영에는 전략이 없는 것일까? 전 KDDI 회장 오노데라는 이나모리의 가르침에서 실천에 도움이 되는 지혜를 배웠다고 한다. "낙관적으로 구상하고, 비관적으로 계획하고, 낙천적으로 실행하라."(『삶의 방식』)

사업을 구상할 때는 낙관적으로 생각하지 않으면 아무것도 시작할 수 없다. 반면, 구체적인 사업 계획을 세울 때는 비관적으로 최악의 상황을 가정할 필요가 있다. 그리고 행동으로 옮길 때는 다시 낙천적으로, 반드시 실천할 수 있는 수단을 강구한다. 여기서도 3박자 리듬이 이나모리 경영의 핵심이다.

P&G(프록터 앤 갬블)가 21세기에 들어 전개하고 있는 '과학적 전략 수립 프로세스'는 이나모리의 리듬과 흡사하다. 먼저 가능성을 낙관적으로 구상하고, 실증단계에서는 보다 비판적 입장의 인재들에게 맡긴다. 그리고 사업화에 있어서는 작게 시작해서 크게 키워가는 적극적 인재에게 맡긴다. 역시, 이나모리의 시간축 메니지먼트는 세계에 통용되는 튼튼한 전략이다.

그리고 이나모리가 그 전략 중 가장 강조하는 것이 바로 3박자의 첫 번째인 구상하는 힘이다. "일본인은 목표설정 능력이라는 것이 별로 없다."고 이나모리는 한탄한다.

"부정적이고 비관적인 생각을 하면 아무리해도 좋은 아이디어가

나오지 않는다. 목표를 세울 때는 낙관적 입장에서 생각해야 하는데, 그 부분이 일본인에게 부족했던 것이 아닌가 생각한다. 일본 산업계에 요구되는 것은 목표설정 능력이 아닌가 생각한다."(도요타 강연, 1981년6월)

야전의 일도류(一刀流)

한편 나가모리 역시 교과서적 전략과는 거리가 멀다. 나가모리라고 하면 M&A전략이 대명사처럼 되어 있지만, 그 본질은 큰 바위틈 사이를 작은 돌로 메워 돌담을 쌓아가는 것과 같다고 앞서 언급한 바 있다. 이른바 돌담 작전이다.

또한 대담한 투자 전략과 글로벌 전략도 나가모리의 전매특허처럼 여겨진다. 예를 들어 코로나 사태와 미중 마찰이 한창인 상황하에서, 중국 EV모터 공장에 1000억 엔을 투자하기로 결정한 것은 세계를 놀라게 했다.

그러나 이는 나가모리 식 '기다림의 전법'의 실천에 지나지 않는다. 시장보다 앞서 투자하는 것이다. 바로 삼성의 고(故) 이건희 회장을 떠올리게 한다.

또한 나가모리의 진면목은 신진대사에 있다. 덧셈뿐만 아니라 뺄셈도 주저하지 않고 진행한다. 나가모리는 이를 '버리는 경영'이라고 부른다.

"사내에서 '카메라도 컴퓨터도 없어진다. 집착하지 말라'라고 말한다. 시장점유율이 1위나 2위인 사업은 계속 유지하되, 3위 이하의 사업은 팔아치운다."(니혼게이자이신문 2015년1월 15일자)

이것은 GE의 전CEO 잭 웰치(Jack Welch)를 떠올리게 한다. 경영학 교과서에서는 포트폴리오 전략이라고 불리는 것이지만, 이처럼 대담하고 신속하게 의사결정이 가능한 경영자는 전 세계에서도 그리 많지 않다. 이상에서 볼 때, 전략 차원에서 있어서 MM 모델의 특징은 다음 세 가지이다.

첫째, 스스로 미래를 개척하는 힘이다. 교과서적 전략이나 유행하는 전략에는 귀를 기울이지 않는다. 오히려 상식의 이면을 파고드는 것, 흔들림 없이 자신의 신념을 관철하는 것이 MM 경영의 진면목이다.

둘째, 공간을 연결하는 힘이다. 제품시장뿐 아니라 지역시장에 있어서도 국지전에 얽매이지 않고 큰 틀에서 판단하다. 시장에서 올라오는 다양한 정보를 한발 앞서 포착하고, 이를 편집하여 새로운 가치창출의 기회로 만들어가는 힘이다.

셋째, 시간 축에 대한 유연성이다. 시장의 트렌드를 읽는 선견지명과 변화를 빠르게 포착하는 뛰어난 동체시력. 그 결과, 시장을 앞서가는 사업구상 능력과 예상 밖의 빠른 변화에 적응력을 함께 갖출 수 있다.

YKK 창업자 고(故) 요시다다타오(吉田忠雄)는 이같이 실전에서 단련된 일류의 기술을 '야전의 일도류'라고 불렀는데 성공사례를 후일담으로 꾸며낸 전략이라는 얄팍한 요령 따위는 발끝에도 닿지 못하는 박력이 있다.

"실전을 모르는 학자나 컨설턴트의 전략론은 백해무익하다."고 나가모리는 필자가 참석한 자리에서 자주 언급한다. 두 가지 직함을 모두 지닌 필자로서는 실로 남의 일 같지 않은 이야기다.

핵심 조직 자산

기업의 무기는 대외 전략이 아닌 기업 고유의 자산에 있다. 대차대조표에 계상되는 회계상의 자산은 물적 자산(사물)과 금융자산(돈) 등 유형자산이다. 그러나, IoT로 사물이 연결되고 돈이 넘쳐나는 현대에 있어서 유형자산은 상품에 지나지 않는다.

새로운 가치를 창출하고 경쟁력의 원천이 되는 것은 사람과 관련된 보이지 않는 자산이다. 그것은 크게 세 가지 자산으로 분류할 수 있는데 조직 자산, 인적 자산, 고객 자산이다.

MM 모델의 성공 방정식은 이러한 무형 자산에 의존하는 바 크다. 이를 하나씩 살펴보자.

첫째, 조직 자산이다. 조직 문화와 가치관 등 기업의 핵심 자산이다. 이나모리 경영에 있어서는 철학이 이에 해당한다. 조직의 모든 판단과 행동은 이 철학이 축이 되며 이는 흔들리지 않는다.

그것은 "동기가 선한 것인가? 사심은 없는가?"인데 한 마디로 말하자면 이타의 마음이다.

이나모리는 지금까지의 과학기술을 기반으로 한 문명은 "더 많이, 더 많이라는 이기적 욕망을 원동력으로 삼아 진보 발전한 것"이라고 말한다. 그리고 "앞으로는 다른 사람을 더 행복하게, 사회 전체를 더 좋게 만들고 싶다는 이타심을 바탕으로 한 문명으로 옮겨가야 한다."(『마음』)고 말한다.

인간의 마음에는 크게 두 가지 측면이 있다. 욕(欲)과 지(志)이다. 식욕이나 성욕 등의 욕망은 살아가기 위한 필요조건이지만, 뜻은 살아가는 것에 의미를 부여할 수 있는 충분조건이 된다.

이나모리는 전자를 소욕(小欲), 후자를 대욕(大欲)이라고 부른다. '소욕 = 이기심'을 '대욕 = 이타심'으로 끌어올려야 한다고 설파한다.

필자는 전자를 욕망에 따라 사는 욕본주의(欲本主義, Greedism), 후자를 지(志)를 축으로 하는 지본주의(志本主義, Purposism)라고 부른다.

이타적 마음은 위기일 때, 역경일 때 일수록 힘을 발휘한다. 예를 들어, 이번 코로나 사태로 인해 JAL은 다른 항공사와 마찬가지로 승객이 급감하는 위기에 직면했다. 그 와중에도 JAL직원들은 취항하고 있는 국내거점을 중심으로 지역개발사업의 지원활동에 동참하고 있다. 조만간 시장이 회복되면 지산지소(地産地消)를 넘어 역외로 부터의 여객수요를 창출할 수 있을 것이다. "남을 이롭게 하는 것에 비즈니스의 원점이 있다."(『살아가는 법』)는 실천인 것이다.

나가모리 경영에 있어서 조직 자산은 '3대 정신'이다. 즉 '정열, 열의, 집념', '지적 하드워킹', '즉시, 반드시, 될 때까지 한다'의 3대 정신이다.

어찌 보면 구시대적 근성론으로 보일 수 있다. 그러나 이 조직 자산이야말로 일본이 금융 버블과 IT버블붕괴 속에서 '헤이세 보게[10]'를 겪는 동안 Nidec을 초고속으로 성장시킨 발판이 되었다.

그리고 힘든 역경일수록 진가를 발휘한다. 코로나 사태에서도 Nidec은 일찌감치 더블 DPR(Double Profit Ratio), 즉 비용 반감을 단행했다. 그리고 코로나 이후를 대비해 중국에 대규모 투자를 단행했다. 결단력과 실행력이야말로 Nidec성장의 최대요인이다.

MM 경영의 진수는 바로 이같은 핵심적 조직 자산에 있는 것이다. 전략은 조직자산의 파생상품에 불과하다. 특히 변화가 일상화된 시대에는 전략의 우열에 신경을 쓰다 보면 순식간에 뒤처지게 된다. 여기서 조직의 나침반이 되는 것은 북극성, 즉 흔들리지 않는 미래지

---

10) 보게란 멍한 상태를 말하는 일본어인데 여기서는 헤이세 기간 중(1989~2018)의 경제적 무력함을 의미함. 일본이 전후 평화 속 무력감을 의미하는 '헤이와(평화) 보게'식의 표현으로도 사용됨. (역자주)

향이며, 이를 향해 스스로 개척해 나가는 굳세고 변함없는 실천력이라는 것을 MM 경영은 증명하고 있다.

기축이 되는 인적자산

둘째, 인적 자산이다. 조직 자산을 실제로 형성하는 것은 직원 한 사람 한 사람이다. MM 경영의 원동력은 물건도 돈도 아닌 사람이다. 게다가 이들은 반드시 우등생을 말하는 것은 아니다. 우등생은 자신과 자신의 커리어에 자부심을 가지고 있고, 그 결과 자기만족에 빠지기 쉽고, 자기 부정을 하기 어렵다. 게다가 객관적으로 보아서 성공 확률이 낮은 리스크를 피한다.

대기업에는 이런 우등생이 많다. 이나모리가 KDDI의 초창기에 이동통신 사업에 뛰어들자고 제안했을 때, 가장 먼저 반대했던 이들이 바로 NTT와 KDD(KDDI의 전신) 출신의 엘리트 집단이었다. 또한 이나모리가 JAL의 회생에 나섰을 때, 경영진에는 '내셔널 플래그'라는 과거의 영광을 이어받은 엘리트들이 모여 있었다. 엘리트조차, 아니 그런 사람들이었기에 오히려 파산을 막지 못하고 회생의 길을 찾지 못하고 있었던 것이다.

이나모리는 '철학' 속에서 '능력을 미래지향적으로 파악해야 한다'는 필요성을 역설한다. 과거의 성공과 실패에 얽매이지 않고 미래의 가능성을 향해 끊임없이 도전하는 것이다. 이 같은 긍정적 사고가 인간의 능력을 무한히 향상시켜 기업의 지속적 성장의 원동력이 되는 법이다. 이나모리는 이 성공의 법칙을 우등생들이 입사하지 않았던 초창기 교세라의 경영에서 발견했었고, 이를 KDDI와 JAL에서 멋지게 재현해냈다.

나가모리는 이를 "후(歩)를, 긴(金)으로 변모시킨다."는 알기 쉬운 말로 표현한다.11) 창업 초기 Nidec은 신입사원 채용을 학교 성적이 아닌 '소리지르기 시험'과 '빨리먹기 시험' 등으로 결정한 바 있다. 1978년에는 '빨리먹기 시험'에 합격한 33명을 무조건 채용했다. 그들은 그 후 회사의 기반을 지탱하는 핵심 인재로 성장했다고 한다.

또한 회사가 급성장하는 과정에서 중도입사 인력도 100명 단위로 채용해 왔는데, 무사안일과 관료주의에 물들어 있는 대기업 출신의 지원자들은 그다지 쓸모가 없었다고 한다. 또한 패배주의에 젖어 있는 3류 기업 출신 또한 문전사절이었다. 나가모리는 그 사이를 노렸다.

"회사가 급성장했다가 경영 상황이 나빠져 구조조정이나 도산으로 이직하는, 천국과 지옥을 한 번씩 경험한 이들이 귀중한 인재가 되는 경우가 적지 않다."(『정열 · 열의 · 집념의 경영』)

---

11) '후'는 일본장기에서 졸이고 '긴'은 장수이다. 일본장기는 졸이 적진에 침투해 진격하면서 장수로 변신하게 되는데 나가모리는 인재육성의 비유의 예로 자주 이를 언급하곤 한다. (역자주)

이 정석은 인수한 기업에도 잘 들어맞았다. 경영부진에 빠진 기업 직원들의 마음가짐에 나가모리 철학을 불어넣어 다시 단련시킴으로써 기업을 일으켜 세운다. 기업의 재생은 마음의 재생에서 시작된다는 것이 나가모리의 PMI 성공의 철칙이다.

MM 경영을 관통하는 것은 물건이나 돈이 아니라 사람을 핵심 자산으로 삼는 경영자세이다. 이는 도요타 자동차와 다이킨 공업 등 세계 유수의 일본 기업에 공통적으로 나타나는 경영의 정수이기도 하다. 그리고 구미식 경영모델에 중독된 다수의 일본 기업들이 그간에 경시해 온 일본경영의 세계유산이기도 하다.

진화하는 고객자산

셋째, 고객 자산인데 교세라, Nidec 등 B2B기업에게 있어서 고객은 이중의 의미를 갖는다. 직접 고객과 간접 고객이다.

먼저 직접고객 즉 직접 판매의 대상이 되는 사용자들로, 얼굴이 보이는 고객이다. 이들에게는 상품개발을 통해 고객의 요구를 해결함으로써 가치를 제공하게 되는데 이를 위해서 고객과의 관계를 어떻게 구축할 것인가가 성공의 열쇠이다.

이나모리는 고객 제일주의를 내세운다. "고객의 니즈에 대해 지금까지의 개념을 재검토하고 철저하게 이에 도전하는 자세가 요구된다."고 말한다(『교세라 철학』). 고객의 요구가 비즈니스의 기본이며, 이노베이션의 원천이 된다.

사실 고객 제일주의를 표방하는 기업은 많다. 그러나 실제로는 기업의 자기 편의성을 우선시하는 경우가 적지 않다. 특히 제조업체는 자사의 기술 개발에 중점을 두기 십상인데 이나모리는 이같은 기술 중심주의를 항상 경계하고 있다.

한편, 나가모리는 여느 때와 마찬가지로 이해하기 쉬운 말로 같은 생각을 표현한다. 앞에서 살펴본, 첫 번째가 판매, 둘 셋 넷째는 없고 다섯 번째가 기술개발이라는 상투어이다. "기술을 과신, 맹종한 결과 사라진 기업은 헤아릴 수 없을 정도로 많다." "대외적으로 기술을 어필할 지라도 사업의 기본은 판매라는 인식이 없다면 비즈니스를 성공시킬 수 없다."(『정열 · 열의 · 집념의 경영』)

그리고 이 원칙은 당연히 제조업에도 적용된다. "공장의 형편에 맞춰 제조에 임했던 기존의 상식은 더 이상 통용되지 않는다." 그리고 "고객과 시장의 요구를 빠르게 감지하고 이를 공장에 전달하는 것이 영업부문의 역할"이라고 말한다. 이같이 고객과 동기화된 제품 만들기를 나가모리는 메이드 인 마켓(Made in Market)이라고 부른다. 최근 '고객 경험(Customer Experience, CX) 가치의 극대화'가 주목받고 있는데 이 개념을 나가모리는 이미 50년 전 창업 초기부터 실천하고 있다.

그러나 단순히 고객이 원하는 경험 가치를 실현하는 것만으로는 욕망 경제를 부추길 뿐이다. 지속 가능한 사회를 지향하기 위해서는 고객을 올바른 방향으로 유도하는 마켓 아웃(시장창조)형의 제안이 요청되고 있는 것이다.

그렇다면 간접고객에 대해서는 어떻게 접근해야 할까? 간접고객은 B2B2X의 X(고객)인데 이들은 B(기업), C(소비자), G(정부), S(사회) 등 다양하다. 여기서는 푸시(push)형 판매력이 통하지 않는다. 어떻게 풀(Pull)형 마케팅을 전개할 수 있을지, 더 나아가 기업 브랜드를 어떻게 폭넓게 어필할 것인가가 관건이다.

이는 직접 고객을 대상으로 한 영업력에 중점을 두어왔던 교세라나 Nidec과 같은 B2B기업에게는 미지의 영역이다. 또한 KDDI, JAL과 같이 폭넓게 대중 마케팅을 전개해 온 기업들에게도 디지털 파워를 활용한 풀(pull) 마케팅은 아직 걸음마 단계에 불과하다.

어쨌든 고객자산은 MM 경영에 있어서 가치창조의 출발점이 되는 것이다. 이 역시 기술지상주의에 빠져있던 일본 기업들이 경시해 온 무형자산이다. 한편, 이러한 약점을 깨달은 우량 기업들은 최신 마케팅 기법의 도입에 여념이 없다. 그러나 겉으로만 번듯한 무기로 무장한다한들 고객의 마음을 사로잡는 제안은 내놓기가 쉽지 않다. 이것이 그간의 일본 기업 실패의 원인 중 하나이다.

고객 자산의 가치를 높이기 위해서는 애초 고객에게 가치를 제공하는 자사의 인적 자산의 수준을 높여야 하는데, 이를 위해서는 기업 고유의 조직 자산의 가치를 높이는 것이 선결사항이다.

MM 경영이 뛰어난 점은 이 세 가지 무형자산의 관계를 정확히 이해하고, 이를 올바른 순서로 철저하게 다듬어 왔다는 데 있다.

흔들림, 연결, 확장

이제 MM 경영의 조직 모델을 검토해 보자. 하지만 여기서 핵심은 구조가 아니라 운동론이다.

MM의 조직 구조가 크게 다르다는 것은 앞서 설명한 바와 같다. 이나모리 경영은 아메바 조직을 기본 단위로 삼고 있고, 나가모리는 사업부 조직을 기본 단위로 삼는다.

오해의 소지가 있을 수도 있지만 조직 구조 자체는 문제가 아니다. 아무리 구조화해도 그것은 어디까지나 평면의 해부도이며, 정지된 화면일 뿐이기 때문이다. 『세상은 나누어봐도 알 수 없다』(2012)의 저자이자 동적 평형론자인 후쿠오카라면 아마도 '조직은 나누어도 알 수 없다'고 말할 듯하다. 생명체와 마찬가지로 기업의 <세포 = 조직>도 환경변화와 자신의 노화에 대비해 신진대사를 계속해야 한다. 동시에 다른 세포와 전체 최적화를 위해 계속 공명하면서 주변 생태계와 공진화해야 한다. 이를 위해서는 정적인 구조(메커니즘)보다 동적인 역학(다이나미즘)이 더 중요하다.

생명체의 진화와 마찬가지로 조직의 진화는 흔들림, 연결, 확장의 세 가지 리듬이 원동력이 되고 있다[12].

이나모리의 아메바 경영은 조직에 흔들림을 가져오는데 탁월하다. 아메바가 자율적으로 시장으로 향하고, 현장을 계속 돌면서 환경 변화를 빠르게 감지하고, 신속하게 대처할 수 있다. 그러나 이러한 자율분산형 움직임에만 의존하면 아메바를 넘어선 큰 조직으로의 연결이나 더 나아가 생존과 경쟁의 장 자체의 전환은 기대할 수 없다.

그래서 이나모리 경영에서는 철학을 공유함으로써 이 약점을 보완한다. 아메바의 부분 최적화를 넘어 조직 전체, 나아가 환경 전체의 최적화를 목표로 한다. 이타적 마음의 힘이다.

반면, 나가모리 경영에서는 사업장 단위로 아메바보다 더 큰 흔들림, 연결, 확장을 일으키는 운동론이 내재되어 있다. 앞서 언급한 '세 가지 새로운 활동'이다. 변화는 새로운 사업 기회의 보물창고이다. 따라서 사업별로 그러한 흔들림 속에서 새로운 사업기회를 찾아내어 조직 내에서 공유(연결)하고, 제품, 시장, 고객으로 이동(확장)시키는

---

12) 이는 시미즈히로시(清水博) 도쿄대 명예교수의 바이오호로닉스론(『생명 다시보기』, 1978)과 노벨화학상을 수상한 일리아 프리고진의 산일(散逸)이론(『혼돈으로부터의 질서』, 2010)을 바탕으로 필자가 고안해 낸 모델이다. 자세한 내용은 졸저 『학습우위의 경영』(다이아몬드사, 2010)을 참고하기 바란다.

것이다. 이러한 조직 운동을 통해 신진대사를 촉진하고 체질 전환을 실천해 나간다.

여기서도 사업부 단위를 넘어선 전사적 연결과 이동을 어떻게 할 것인가가 과제가 된다. 나가모리는 수많은 변화의 물꼬에서 큰 파도를 감지하고, 이를 전사적 테마로 삼아 조직을 가로지르는 프로젝트를 만들어 낸다.

예를 들어보면, 2018년 초에는 자동차의 전동화, 로보틱스, 에너지 절약형 가전, 드론 활용을 4개의 큰 물결로 규정했다. 이를 2019년에는 탈탄소화, 디지털 데이터 폭증, 절전, 로봇화, 물류 혁명의 다섯 가지 큰 물결로 재구성했고, 2020년에는 코로나 위기 도래와 함께 탈탄소화, 디지털 데이터 폭증, 절전 및 인력재배치, 5G, 열 솔루션의 새로운 다섯 가지 물결로 재편성하고 있다.

시대의 물결을 따라가며, 큰 트렌드를 포착하는 독특한 후각을 '나가모리 알고리즘'이라고 필자는 부르고 있다. 이러한 선견지명을 어떻게 조직에 녹여낼 것인가가 나가모리 경영이 직면한 과제이다. 이 점은 마지막 장에서 더 검증해 보고자 한다.

MM경영의 조직상 특징은 이렇게 조직 내에 센서를 내장하여 시장의 흔들림을 빠르게 감지하고 이를 조직 전체에 연결하여 새로운 기회획득을 향해 조직의 확장을 지속하게 하는 역동성에 있다.

이는 앞서 언급한 '양손잡이 경영'이라는 피상적 모델과는 근본적으로 다르다. 심화와 탐색은 별개의 운동이 되어서는 안 된다. 탐색이라는 얄팍한 활동으로는 본질적 흔들림을 포착할 수 없다. 심화의 끝에서야 비로소 흔들림을 찾을 수 있는 것이다. 이를 통해 조직 사이에서 연결, 확장이라는 큰 진화를 만들어 낸다. 이것이 MM류 조직운동의 본질이다.

실패제로의 경영

MORI 모델에서는 세운 목표(Objective)에 대한 성과(Results)에 철저하게 집착한다. 목표는 그저 노력의무의 대상이 아니라 반드시 달성해야만 할 대상인 것이다.

따라서 여타 일본기업의 모델과는 크게 다른 점이 2가지 있다.

첫째, 구체화된 수치로 작성된 중기 계획은 세우지 않는다. 이나모리는 교세라 창업 초기부터 1년 단위의 경영 계획을 실천해 왔다고 한다.

"3년 후, 5년 후라면 누구도 정확한 예측을 할 수는 없다. 하지만 1년 앞이라면 큰 오차 없이 예측할 수 있을 것이다. 그리고 그 1년의 계획을 월별, 나아가 하루하루의 목표로 세분화하여 반드시 달성할 수 있도록 노력해 왔습니다."

"높은 목표를 세워라(Objective-driven)."고 외치면서, 실천에 있어서는 "한 걸음 한 걸음씩 쌓아가는 것을 소중히 여긴다(Results-oriented)." 일견 모순처럼 보이는 가르침에 이나모리 경영의 진수가 담겨 있다. "항상 높게 세운 목표만 바라보고 있으면 안 된다. 너무 먼 길을 가려고 하면 지치기도 하고, 자신의 무력감을 느껴 좌절하게 된다. 높게 세운 목표는 잠재의식 속에 내려놓고 하루하루를 꾸준히 걸어가다 보면 엄청난 곳까지 걸어갈 수 있다."(『일하는 방법』)

나가모리도 장기적인 비전은 제시하지만, 숫자를 세밀하게 쌓아 올리는 것은 시간 낭비라고 생각한다. 중기 계획상의 숫자는 통과점의 눈금에 불과하다. 이보다 중요한 것은 장기적 높은 목표와 단기적 견실한 성과이다. 이를 필자는 앞서 '원근복안 경영'이라고 언급한 바 있다.

반면, 대부분의 일본 기업들은 중기 계획 수립에 몰두한다. 몇 년 후의 그것도 확실한 수치의 예측이 불가능하다는 것을 알고 있음에도 불구하고 말이다. 그 무의미함을 이번 코로나 사태로 뼈저리게 느끼고도 남았을 터인데 또 다시 중기 경영계획의 수정 작업에 몰두하고 있다. 이런 '중기 계획병'을 뿌리 뽑고 MM 류의 원근복안 경영으로 방향을 크게 틀어야 할 것이다.

네버 기브업(Never Give Up)

MM 경영의 두 번째 특징은 세운 목표를 반드시 실현한다는 점이다. 기업의 중기 계획은 사업 환경의 변화 등을 핑계로, 미달로 끝나는 경우가 많다. 그러나 그 불명예스러운 결과를 피하기 위해 매년 '롤링(롤오버)'이라 하여 환경 변화에 맞춰 하향 조정하는 '특기'를 연마하는 기업들도 적지 않다. 그렇다면 애당초 중기 계획 같은 것은 무용지물에 불과하다.

반면, 이 점은 미국 서해안에서 출발한 OKR과도 다르다. 앞서 언급했듯이, OKR에서는 다소 무리한 목표를 세우고 70~80%정도 달성하는 것을 이상적이라고 본다. 하지만 MM 경영에서는 '목표는 실행 가능한 최고치'를 내걸고 틀림없는 달성에 집착한다.

이나모리도 나가모리도 지금까지 실패한 적이 없다고 호언장담한다. 나가모리는 "지금까지 우리 회사에서 해결하지 못한 문제, 개발하지 못한 상품은 없다."고 한다. "그 이유는 간단하다, 도중에 절대 포기하지 않았기 때문이다."

이나모리는 '네버 기브업'만이 성공의 조건이라고 말한다(『성공에의 열정』, 2001). 또한 '어떤 어려움에 부딪혀도 결코 포기하지 않는 것'을 리더의 역할 10가지 중 하나로 꼽았다(『사람을 살린다』, 2012). 불타는 투혼, 불굴의 투지, 각오 등의 단어는 모두 이나모리 경영의 키워드이다.

"더 이상 안 된다, 무리라고 말하는 것은 그저 통과지점에 불과하다. 모든 힘을 다해 한계까지 끈기 있게 노력하면, 반드시 성공할 수 있다."(『삶의 방식』)

물론 그 과정에서 넘어지거나 생각대로 되지 않는 일은 자주 있다. 하지만 거기서 배우고, 성과로 이어가는 것이 MM 경영의 원칙이다. 나가모리는 말한다. "큰 실패를 발판으로 삼아 더 큰 성공을 거둘 수 있다는 것이 나의 기본적 자세다."(『정열 · 열의 · 집념의 경영』)

일본인이 흔히 말하는 '트라이 앤 에러'는 실패만 거듭하는 무절제한 경영이 되기 십상이다. 실리콘밸리에서는 '트라이 앤 런(실패에서 성공의 법칙을 배운다)'이라는 말을 즐겨 쓴다.

"어떤 역경도 이겨내고, 가능성을 믿고 계속 도전하는 한 실패는 없다."(『마음』)는 것이 이나모리의 신조다. 이것이 전후 일본의 기적 같은 성장의 원동력이 아니었을까? 그리고 환경 변화에 휘둘리지 않는 불굴의 정신을 되찾는 것에서 일본 재생의 길을 찾아야한다고 설파한다.

제9장 영혼을 뒤흔들다 Inspire!

인간을 움직이는 경영

MORI 모델의 마지막을 장식하는 것은 Inspire!, 즉 "영혼을 흔들어라!"이다.

MM 경영은 사람 그 자체를 가장 큰 경영 자원으로 보고 있다. 그리고 사람이라는 자원이 본래 가지고 있는 가능성에 대해 낙관적이라고 할 정도로 큰 기대를 걸고 있다.

앞서 이나모리는 "인간의 능력은 무한하고 미래의 나라면 가능하다고 미래지향적으로 생각하는 것이 중요하다."(『살아가는 법』)고 피력한다.

나가모리는 IQ와 EQ를 애써 구분한다. 그리고 "능력의 차이가 5배일지라도 의식의 차이는 100배까지 벌어진다."고 힘주어 말한다.

그러나 그것은 어디까지나 잠재력에 관한 이야기다. 실제 능력을 어디까지 끌어낼 수 있는지는 각 개인의 노력의 함수라는 생각도 MM 경영의 근간을 이루고 있다.

이나모리는 "인생이란 '오늘 하루'의 쌓아올림, 지금의 연속일 수밖에 없다."고 설파하며, "신이 애처로워 손을 내밀고 싶을 정도로 노력하라."고 말한다(『삶의 방식』).

나가모리는 자신의 경영자로서의 경험을 바탕으로 다음과 같이 신념을 피력한다.

"나는 (창업) 당시부터 꿈과 낭만을 갖는다는 것은 '미래를 구입하는 것'이라고 생각했다. 하지만 아무리 많은 돈을 준다한들 선뜻 팔아 줄 사람은 없다. 오직 자신의 정열, 열의, 집념이 아니고서야 얻을 수 없는 것이지만 정열, 열의, 집념만 가지고 있으면 확실하게 손에 넣을 수 있다고 나는 굳게 믿고 있다."(『사람을 움직이는 사람이 되라!』)

그리고 인간의 매력에 대해 다음과 같이 말한다. "미래를 향해 자신이 가지고 있는 지력과 체력을 결합해 이를 큰 에너지로 뿜어낼 수 있느냐에 있다. 한결같은 꿈을 향해서 영혼을 불태우는 것이 매력의 근간이다."(『사람을 움직이는 사람이 되라!』)

그렇기 때문에 "나는 할 수 있다, 할 수 있다, 할 수 있다고 백 번 말하자."(『정열 · 열의 · 집념의 경영』)라고 이야기한다. 이는 단순한 근성론이 아니라 인간의 의식이 가져다주는 힘에 대한 깊은 통찰에 근거한 것이다.

따라서 MM 경영에서는 사람이라는 자원을 갈고 다듬어 이들이 지닌 잠재력을 최대한 끌어내는 것이 리더의 중요한 역할이라고 본다. 즉, 리더는 사람의 마음에 불을 지피는 데 지혜와 시간을 써야 한다.

나가모리는 "사람이 부족한 것이 아니다. 부족한 것은 사람에 대한 교육, 그리고 일에 대한 공부이다."라고 설파한다.(『도전으로 가는 길』)

자율형 아메바 경영을 실천하는 이나모리에 비해 나가모리는 독재형 경영자로 여겨지기 쉽다. 그러나 그는 "사람을 움직인다는 것은 강권을 발동해 자신의 명령대로 움직이는 로봇이나 추종자를 만드는 것이 아니다."라고 말한다.

"본인의 성장을 최우선적으로 생각하고, 이들 회사의 발전과 조화시켜 적절한 조언을 했을 때, 비로소 사람들은 자신의 의지로 행동을 일으키게 된다." 이상은 나가모리의 저서 『사람을 움직이는 사람이 되라!』에서 인용한 것인데 이 책을 중심으로 나가모리 경영의 본질에 접근해 보자.

사람을 움직이는 사람(=진정한 리더)이 되기 위한 기본 요건은 무엇인가? 그것은 사람의 마음을 아는 것이 전부라고 나가모리는 간파한다.

"각양각색 저마다 제각각의 성격과 개성을 지닌 부하를 내가 의도한대로 움직일 수 있으려면 그들의 속마음까지 헤아려야 한다는 것이다."

그러나 그것은 부하에게 맞춘다는 의미만은 아니다.

"내가 말하는 인정의 미묘함이란 온정과 냉혹함을 겸비하고, 이 상반된 두 감정의 균형을 어떻게 잘 잡아 가느냐 하는 것이다."

상대방의 링에 오르다

그렇다면 어떻게 해야 하는가? 나가모리는 2가지의 구체적인 행동지침을 제시한다.

첫째는 말을 잘 들어주는 사람이 되는 것이다. 부하가 쓴 드라마 속으로 뛰어들어 함께 연기하고, 함께 감동하는 것이다. 감동이야말로 부하와의 강한 신뢰 관계를 구축하게 하는 원동력이 되기 때문이다.

두 번째는 부하의 눈높이에 맞추는 것이다. 그리고 "상대의 링에 올라 자신의 기량을 발휘하라."고 말한다. "어디까지나 배역의 주연은 상대방이고, 이를 끌고 가는 것은 나 자신이다."

필자는 5년 전부터 나가모리를 가까이에서 접할 기회가 자주 있었는데, 그때마다 나가모리 류의 인심 장악술에 놀라곤 했다. 먼저,

위에서 압도하는 시선이 아니라 상대방의 입장에 서서, 엄격하지만 도움이 되는 조언을 한다. 그것도 추상적인 경영론이 아닌 자신의 경험에 바탕을 둔 쉬운 말로 이야기한다. 그리고 마지막에 "기대할 거야!"라는 격려의 말을 아끼지 않는다.

흔히 나가모리를 무서운 얼굴을 가진 카리스마 경영자로 보는 경향이 있다. 하지만 알면 알수록 그의 인간에 대한 통찰력에는 혀를 내두르게 된다. "부하의 아픔을 자신의 아픔으로 느끼고 함께 나눌 수 있는 사람만이 마음으로 사람을 움직일 수 있는 일류 인간이다."라는 신념 속에 나가모리 경영의 진수가 숨어 있다. 그리고 경영자는 "인간에 대한 폭넓은 공부가 필요하며, 그것이 경영의 감수성을 높이는 것이 된다."고 설파한다(『도전으로 가는 길』).

한편, 이나모리는 이타의 마음, 대의, 바른 길을 거듭 이야기하는 것으로 미루어 볼 때 매우 인덕이 넘치는 경영자로 보이곤 한다. 물론 그도 그럴 것이지만, 그렇기 때문에 인간의 나약함과 사리사욕에 대해서도 잘 꿰뚫어보고 있다. 게다가 철학적 이론을 내세우는 것이 아니라 경험에 바탕을 둔 자신의 신념을 상대방의 입장에 서서 온 힘을 다해 이야기한다.

이나모리 경영과 나가모리 경영은 겉으로 보기에는 다른 유형처럼 보이지만, 사람을 움직인다는 점에 있어서 본질은 전혀 다르지 않다.

압도적 당사자 의식

MM 경영에는 공통된 인간관이 깔려 있다. 그것은 '압도적 당사자 의식'을 가짐으로써 사람은 행동을 바꾸게 되고, 엄청나게 달라진 성과를 낼 수 있다는 믿음이다.

'압도적 당사자 의식'이라는 말을 처음 사용한 이는 리크루트 사의 창업자 에조에 히로마사(江副浩正)이다. 이 말은 리크루트의 행동 원리가 되어 있고, 창업 후 60년이 지난 지금에도 리크루트는 전직원이 '의욕에 넘치는 집단'이 되어 있다.

혼다 소이치로도 수많은 어록을 남겼다. 그 중에서 가장 혼다의 정신을 상징하는 말이 "넌 어떻게 생각해?"라는 질문이다. 이 말은 앞서 언급한 '해보지도 않았으면서'라는 말과 함께 창업 70년이 넘은 지금의 혼다에서도 회사 철학의 초석이 되어 있다. 혼다의 부활 여부는 한 사람 한 사람이 이 정신을 자기 것으로 만들 수 있느냐 없느냐에 달려 있다고 해도 과언이 아닐 것이다.

이나모리도 나가모리도 '압도적 당사자 의식'이라는 말은 사용하지 않는다. 그러나 실은 이구동성으로 같은 내용을 이야기한다.

이나모리는 '하루하루를 진심으로 진지하게 살 것'를 설파한다(『살아가는 법』). 그리고 이런 생각이 행동의 원동력이 된다고 말한다. "꼭 이 일을 하고 싶다는 열망이야말로, 거기서 터져 나오는 추진력이 행동으로 이어지는 것입니다."(『의식을 높이고, 경영을 키운다』)

교세라 철학에는 다음과 같은 이나모리 어록이 실려 있다.

소용돌이의 중심이 되라

스스로를 몰입하라

링의 한가운데서 싸워라

거기에는 "이 이상은 무리라는 생각이 들 때 비로소 일이 시작된다."는 경험칙이 깔려 있다. 그 생각을 이야기하고 있는 구절을 인용해 보자.

"세상사에서 무언가를 이루어낸다는 것은 재능이나 능력보다 그 사람이 가진 열의와 정열, 더 나아가 집념이다. 자라처럼 한 번 물면 절대 놓지 않는 것과 마찬가지이다. 더 이상은 안 되겠다라는 순간이 진정한 일의 시작이다. 강한 열의와 정열이 있으면 자나 깨나 하루 종일 일에 대해 생각할 수 있을 것이고 그렇게 하면, 그 소망은 잠재의식 속에 스며들어 자신도 모르는 사이에 몸이 그 소망을 실현하는 방향으로 움직여 성공을 이끌어내는 것이다. 남과 다른 뛰어난 성과를 거두기 위해서는 불타는 열의와 정열을 가지고 끝까지 포기하지 않는 자세가 필요하다."

삶긴 개구리에서 벗어나기?

'정열, 열의, 집념'은 나가모리의 3대 정신 가운데 맨 앞에 등장한다. 그리고 '지적 하드워킹'이 그 뒤를 잇는다. 나가모리 경영의 바이블이라 할 수 있는 『도전의 길』에서는 다음과 같이 말하고 있다.

"열심히 일하는 것만이 기업 성장의 원리원칙이다."

"세계 어디를 둘러봐도 다른 기업에 비해 남다른 성장을 이루고 있는 기업들은 '열심히 일한다'는 공통점을 가진다. 성장의 이면에는 반드시 하드워킹이 있다. 소프트워킹으로 성장하는 기업은 없다."

"기업의 발전은 한 사람의 천재가 담당하는 것이 아니다. 의욕으로 똘똘 뭉친 평범한 이들의 끈끈한 유대감이 조직의 원동력이다."

그 결과, 3번째 가치관에 명시된 '바로 한다, 반드시 한다, 될 때까지 한다'는 행동강령이 자발적으로 생겨난다. 나가모리 경영의 원점이다. Nidec의 사내에는 곳곳에 애니메이션 감성으로 그려진 포스터가 붙어 있다. 트레이드 마크인 녹색 양복과 넥타이를 착용한 나가모리가 경영의 키워드를 알기 쉽게 표현하고 있다. 거기에는 다음과 같은 슬로건이 나열되어 있다.

"정상으로의 길은 3대 정신에서 시작된다."

"그대가 아니라면 누구 하는가!(나가모리)" "제게 맡겨 주세요.(사원)"

"깨부수자 6대 악습"

6대 악습이란 매너리즘, 체념, 태만, 타협, 교만, 방심이다. 이들 모두가 대기업병의 증세이다.

지난 몇 년 동안 나가모리는 스티커 뭉치를 들고 다녔다. 그 중에는 '삶겨진 개구리' 상태로 축 늘어진 개구리 캐릭터도 있다. 앞서 언급한 6대 악습을 발견하면 바로 이 스티커를 등이나 책상에 붙인다고 한다. 다른 기업이라면 갑질 취급을 받을 수도 있겠지만, 나가모리 류의 유머러스하고 알기 쉬운 메시지는 매우 효과적이다. 모두들 '삶긴 개구리' 낙인이 찍히지 않도록 매일매일 초심으로 돌아가 긴장감을 가지고 일하고 있다.

대기업병의 또 하나의 전형적 증상은 '리스크 회피'이다. 변화가 일상화되는 시대에는 리스크를 감수하지 않는 것이야말로 정말 큰 리스크가 된다는 것을 나가모리는 잘 알고 있다. 그래서 이 같은 함정에 빠지지 않도록 '가점주의'를 일관하고 있다.

"태만으로 인한 실패는 철저한 질책의 대상이지만, 그렇다고 평가가 낮아지는 일은 없습니다. 한편 긍정적 대처 행동에 대해서는 결과의 좋고 나쁨을 떠나 플러스 평가를 합니다."(『정열 · 열의 · 집념의 경영』)

최근 감점주의에서 가점주의로 인사평가를 전환하는 기업이 적지 않다. 그러나 그 중 상당수가 실패에 대해 철저히 질책하는 것까지 포기해 버린다. 그런 직원 친화적인 기업은 겉으로 보기에 직원들에게 안락함을 제공하는 것처럼 보이지만, 실은 직원들의 미래 가능성을 꺾어 버리는 곳이기도 하다. 개인에게 올바른 자율성을 확립시키기 위해서도 조직에는 규율이 요구된다. 언뜻 모순되어 보이는 경영원리 또한 MM 경영의 공통점 중 하나이다.

대선(大善)과 소선(小善)

이나모리는 이러한 경영의 기본 원리를 "소선은 대악(大惡)을 닮고, 대선은 비정(非情)을 닮는다."고 표현한다. 원래 전국시대 무장 다케다 신겐(武田信玄)의 말이라고 한다. "신념도 없이 부하에게 그저 순응하는 상사라면 결코 젊은이들을 위한 상사가 될 수 없다. 그것은 젊은이들에게는 편하겠지만, 그 편함이 그들을 망가뜨릴 것이다." (『마음을 키우고, 경영을 키운다』)

다만, 꾸짖는 방법에도 나름의 방식이 있다고 한다. 인터뷰 중 이나모리는 다음과 같이 대답했다. "나는 사람의 인격에 상처를 주는 꾸짖음은 하지 않는다. 그 사람이 한 일이나 업무에 대해 '왜 이런 일을 했느냐', '이렇게 하면 안 된다. 이것은 이렇게 해야 하는 것 아니냐'고 엄하게 꾸짖는 것이다. 또한 그저 상대방을 깎아내리는 일은 하지 않는다. 물론 인간적으로 조금 비뚤어진 시각을 가지고 있는 부하에 대해서는 엄하게 꾸짖는다. 곰곰이 생각해봐서 그 사람의 인간성과 직결되는 문제라면 간곡히 훈계한다. 그리고 회의에서 보고된 수치를 듣고 꾸짖는 경우도 많다. 왜 매출이 올라갔는지, 내려갔는지, 비용이 왜 이렇게 많이 들었는지 제대로 설명도 못하면서 문제에 대한 대책을 생각조차하지 않는 발표자에게는 엄중한 주의를 준다."(『주간 아사히』2013년 9월30일)

그야말로 이나모리다운 올바른 엄격함이다. 그리고 JAL의 회생 때에도 일관되게 이런 엄격한 자세를 견지했다고 한다.

"당시 JAL간부들은 엘리트 의식이 강해 내 말을 순순히 듣지 않았고, 회사 경영은 이렇게 되어야 한다고 설명해도 이제와 새삼스레 무슨 말씀을 하느냐며 반신반의하는 눈치였다. 매일 매일의 회의나 미팅에서도 '너희들이 평론가냐', '나는 너희들 아버지나 할아버지 나이인데, 순순히 말 좀 들어라'고 많이 꾸짖었다. (중략) 매일 기회 있을 때마다 꾸짖고 또 꾸짖었다. 그러다 보니 78세의 노인이 월급 한푼 받지 않고 필사적으로 회사를 재건하려는 모습에 직원들의 마음이 움직인 것 같다. 내 생각을 이해해준 사람이 한 명이라도 나오면 그때부터 연쇄반응처럼 퍼져나갔고 내가 주창하는 경영철학과 '전직원의 물질적, 정신적 행복을 추구한다'는 경영이념이 회사 전체에 스며들었다. JAL이 변하기 시작했다."

또 하나 '대선(大善)'의 본질을 이야기하는 에피소드를 이나모리 자신이 직접 들려주었다.

"매일 이렇게 화를 내는데도 부하들이 잘 따라오는 것 같아서 한 간부에게 이유를 물었더니 그 친구가 하는 말이 꾸지람 듣고 사장실을 돌아나오면서 인사를 드리면 이나모리 사장은 빙긋 웃으며 고맙네라고 하신다. 그 모습을 보는 순간 좀 전까지 싫었던 기분이 없어지고 만다고 답한 모양이야."(『다이야몬드 HBR』, 2015년 9월호)

진심을 담아 꾸짖기

나가모리도 이구동성으로 같은 신념을 말한다. 『사람을 움직이는 사람이 되라!』에서 나가모리 어록을 다시 한 번 읽어보자.

"사람들에게 미움받고 싶지 않다는 생각을 버려라!"

"엄격함 속에야말로 더 깊은 애정이 있다."

"애정이 담긴 엄격함이 없으면 강한 리더십을 발휘할 수 없다."

특히 이들 어록 중에는 '칭찬으로 죽이기'라는 말에서 영락없이 블랙유머를 느낄 수 있다. "사람을 망가뜨리는 것은 사실 간단하다. 상대를 철저하게 제멋대로 내버려두면 된다."

그래서 나가모리는 꾸짖는다. "직원 교육의 기본은 꾸짖는 것으로 시작해서 꾸짖는 것으로 끝난다."(『도전으로 가는 길』)라고 할 만큼 그는 꾸짖는 데 열심이다. 『사람을 움직이는 사람이 되어라!』로 돌아가서, 나가모리식 류를 다시 한 번 되새겨 보자.

"장점이 있기 때문에 꾸짖을 수 있다."

"꾸짖는 방법도 한 가지 패턴이 아니라 다양하게 구별해가며 사용한다."

"상대를 깎아내려서 잠자고 있는 투쟁심을 불러일으키는 방법도 있다."

물론 꾸짖는 것만이 능사는 아니다. "성과를 내면 조금 과하게 칭찬함으로써 더욱 자신감을 갖게 하라!"라고도 말한다. 이 같은 임기응변이 나가모리 류의 인심 장악술이다.

필자가 지난 10년간 가까이서 지켜본 또 한 명의 천재적 경영자가 야나이 다다시(柳井正)이다. 야나이 역시 직원에 대한 엄격함이 남다르다. 그는 그의 마음을 다음과 같이 말한다.

"저는 인간의 가능성을 굳게 믿기 때문에 직원들에게도 가차없이 지적합니다. 직원들에게 그저 사랑받는 것이 경영자의 할 일입니까? 그것은 아닐 것입니다. 경영자가 짊어지고 있는 것은 엄중한 경영 책임입니다."

그리고 직원들을 제멋대로 내버려둔다는 것은 직원 본인들에게도 실례가 되고, 직원의 잠재력을 철저하게 끌어내어 연마하는 것이 경영자의 책임이라고도 한다. 갑질 비판이 두려워 이 근본적인 책임을 포기하고 '소선'에 안주하는 경영자가, 직원을 그리고 기업을 망치는 것이다. '느슨한' 경영자가 늘어난 것이 그간의 실패원인 중 하나는 아닐까?

'일하는 방식'에서 '일하는 보람'으로

이는 또한 그간에 일본 전체가 빠져 들어간 미로의 결말이기도 하다. 예를 들자면, 저돌적 사원은 시대착오이고, 블랙기업이라는 비판, 갑질 방지 등 일견 맞는 것도 같아 보이는 가치관의 만연이다. 개중에 대표적인 것이 '일하는 방식 개혁'이라는 민관합동의 엉터리 코미디이다. 이는 '일하는 것은 비인간적'이라는 전근대적 노동관으로의 후퇴 이외에 아무것도 아니다.

이나모리의 『살아가는 방식』을 참고해 보자.

"일하는 것은 인간에게 있어 보다 심오하고 숭고하며, 큰 가치와 의미를 지닌 행위입니다. 노동에는 욕망을 물리치고, 마음을 닦아 인격을 형성시켜가는 효과가 있습니다. (중략) 그러므로 매일 매일의 일에 정성을 다해 열심히 하는 것이 가장 중요하며, 그것이야말로 영혼을 닦고 마음을 고양시키는 존귀한 수행이 되는 것입니다."

"일을 정말 좋아하게 되는 것, 그것이 일을 통해 삶을 풍요롭게 하는 유일한 방법이라고 할 수 있습니다."

"힘든 일을 보람찬 일로 바꾸어 가는 것이 필요합니다. 그러기 위해서는 일을 좋아해야 합니다."

"자신의 일이 도무지 마음에 들지 않는 사람은 어떻게 하면 좋을까요? 어쨌든 성심성의껏 일에 몰두해 볼 일입니다."

"일의 즐거움이란 괴로움을 넘어선 곳에 숨어 있는 것입니다."

"깨달음은 일상의 노동 속에 있습니다."

"사람은 일을 통해 성장해 나갑니다. 자신의 마음을 높이고 풍요롭게 하기 위해 정성을 다해 일에 몰두함으로써 자신의 삶을 더욱 훌륭하게 만들어 갈 수 있는 것입니다."

이나모리는 노동의 존엄성을 설파한다. 그리고 일본인이 예로부터 소중히 여겨왔던 노동관을, 그간의 나태함에 빠진 일본인들이 완전히 상실해버린 것을 한탄한다.

"후생노동성 등이 노동시간 단축을 목표로 삼고 있는 것도 문제이다."라고 말한다. "이것은 인간을 타락시켜 버린다."며 경종을 울린다(『이나모리 가즈오의 철학』).

철학자 우메하라 타케시(梅原猛)와의 대담에서 이나모리는 다음과 같이 말하고 있다.

"'일하는 시간을 최대한 줄여서 즐겁게 돈을 벌자'는 최근의 풍조는 인격을 갈고 닦는다는 노동이 본래 가지고 있는 숭고한 의미를 저버리고, 인간 성장의 귀중한 기회를 우리들로부터 빼앗아 가고 있다."

"석가모니는 『육바라밀』에서 정진(열심히 일하는 것)을 통해 인간은 성장해 나간다. 즉, 일하는 것은 마음을 닦는 것이며, 인간을 만드는 데 있어 가장 중요한 요소이기도 하다고 말씀하셨다." 또한 앞서 언급했듯이, 야마나카 신야와의 대담에서 VW가 국가나 산업의 차이를 뛰어넘는 조직의 원동력이라는 점에도 깊이 공감했다(VW는 비전과 워크 하드이다). 지금 일본은 비전이라는 '그림 속의 떡'이 있다고 해도 '워크하드(노력)'라는 규율이 부족하다. 이래서야 미래를 개척할 수 없다.

'황금 금요일'에서 '황금 월요일'로

지적 근면의 간판을 내걸고 있는 나가모리만큼 이나모리에 공감하는 경영자도 없을 것이다. 나가모리는 "일만큼 즐거운 일은 없다." (『사람을 움직이는 사람이 되라!』) 한 사람 한 사람의 성장 그리고 나아가 전체의 합으로서 기업의 성장을 결정짓는다고 말한다.

여기서 나가모리 식 질문이 있다. "일요일 밤이 즐겁고, 월요일 아침은 더 설레는가?"

TGIF(신이시여! 즐거운 금요일입니다)가 아니라 TGIM(월요일)이다.

블루 먼데이라는 말을 알고 있는가? 칵테일 이야기가 아니다. 월요일이 되면 출퇴근이나 통학으로 한꺼번에 우울해진다는 증후군

이다. 참고로 일본에서는 '사자에씨 증후군(サザエさん症候群)'이라는 말이 있다. '사자에상[13]'이 방영되는 일요일 저녁의 왠지 모를 우울한 기분을 가리킨다. 원격근무가 일상화된다면 우울한 통근이나 통학은 과거의 일이 될 수 있다. 하지만 그렇게 되면 일 자체가, 공부 자체가 고통이라는 현실이 더욱 선명해진다. 일주일의 대부분, 즉 인생의 대부분을 고통을 위해 시간낭비를 하는 셈이 된다.

나가모리는 2016년에 야근 제로로 근무방침을 전환한 바 있다. 언뜻 보기에 '열심히 일한다'는 간판을 내린 것처럼 보이지만, 사실은 보다 강도 높은 노동을 요구하고 있는 것이 주된 내용이다. 8시간이라는 노동시간의 생산성을 2배로 올리겠다는 것이 골자이다.

필자의 대학동창이자 NEC의 부사장을 맡고 있는 이시구로 노리히코(石黑憲彦)와의 대담에서 나가모리는 다음과 같이 밝힌 바 있다.

"Nidec은 단기간에 일하는 방식을 전면적으로 바꾸려고 노력하고 있지만, 현재 많은 기업에서 시행하고 있는 야근을 줄이고 요일을 정해 일찍 퇴근하도록 하는 식의 일하는 방식 개혁과는 내용이 전혀 다른 것입니다. 그런 것은 개혁이라고 부를 가치가 없습니다. 우리가 이상적으로 생각하는 것은 독일 기업입니다. 그들은 잔업을 하지 않고서도, 여름휴가를 몇 달씩이나 즐기면서 높은 수익률을 달성하고 있습니다. 마이스터 제도로 직원들을 제대로 육성하는 데다, 역량

13) 매주 일요일 저녁시간 지상파 방영의 텔레비전 최장수 인기 가족 에니메이션. (역자주)

있는 지도자들이 낭비 없이 일하는 방식을 철저히 실행해 왔기 때문입니다. 생산성만 놓고 보면 일본은 독일의 절반 정도입니다. 독일 수준의 일하는 방식을 채택하려면 어떻게 하면 좋을까요? 야근을 제로로 하고, 생산성을 두 배로 늘리는 겁니다. 그렇게 하면 실현된다고 생각했다."(니혼게이자이신문 2018년 6월 11일자)

필자는 맥킨지 시절 독일 지사의 업무 평가를 담당한 적이 있어서 많은 독일 기업과 독일인의 일하는 방식을 목격한 바 있다. 이른 아침부터 헬스장이나 수영장에서 운동한 후 출근하고, 저녁은 보통 귀가해서 가족들과 함께 한다. 하지만 생산성에 있어서는, 근무시간 중 회의나 비생산적 사무작업으로 시간을 낭비하고 있는 일본인들을 능가한다.

워크 인 라이프

경제협력개발기구(OECD)의 통계에 따르면, 2010~16년 기준 일본인의 시간당 평균 생산성은 같은 기간 독일인의 2/3, 노르웨이인의 절반 수준이다. 반면, 근무시간은 독일인이나 노르웨이인의 1.5 배에 달한다. 즉, 장시간 근로로 낮은 생산성을 커버하고 있는 것이다.

따라서 '일하는 방식 개혁'으로 잔업 제로를 실현하게 되면 일본인의 생산성은 크게 떨어지게 되고 이렇게 되면 중국이나 아시아의 신흥국은 물론이고, 구미각국에도 뒤처질 수밖에 없다. 생산성의 개선없는 '일하는 방식 개혁'은 50년 전 '영국병'과 같은 망국의 길을 의미한다. 그것은 성숙이라는 그럴 듯한 이름하의 '쇠퇴'일 뿐이다.

애시당초 '워라밸(Work Life Balence)'이라는 생각 자체가 잘못된 발단이다. 여기서 워크란 자신의 시간을 내다파는 것이며, 라이프를 통해 간신히 본래의 자신을 되찾는다. 노동이란 사람을 자본에 종속시키는 것일 뿐이라는 19세기형 노동관인 것이다.

나는 인생의 대다수 시간을 일에 투자하는 것의 의미가 무엇인지 묻고 있는 것이다.

세계 선진 기업들은 '일과 삶의 통합'이라는 슬로건을 내걸기 시작했다. 아마존닷컴의 창업자 제프 베조스(Jeff Bezos)는 '워크 라이프 하모니(Work Life Harmony)'을 외치고 있다.

필자는 '워크 인 라이프(Work in Life)' 그리고 '라이프 인 워크(Life in Work)'라는 개념을 제시한다. 삶 속에 일이 있고, 일 속에 삶이 있다는 의미다. 이는 코로나 이후, 새로운 일상에서의 원격근무와도 친화력이 높다. 그래서 이러한 개혁을 '일하는 방식 개혁'이 아닌 '일하는 보람 개혁'이라고 부르고 있다.

이타미 히로유키(伊丹敬之) 히토츠바시대학 명예교수는 일본 기업 성장의 원동력이 인간을 축으로 한 일본형 시스템이었다고 논했고 이를 '인본주의(人本主義)'라고 명명했다(『인본주의 기업』, 1987).

그러나 아이러니하게도 많은 일본 기업들은 인본주의 경영 원리를 전근대적 지역적 원리로 받아들였고, 이 결과 앵글로색슨식 자본주의 경영에 기울어져 왔다. 이것이 '잃어버린 30년'과 중첩되는 것도 결코 우연만은 아닐 것이다.

이 후, 이타미는 "인본주의는 죽었는가?"라는 인터뷰어의 질문에 이렇게 답했다. "적어도 Nidec이나 교세라에서는 살아있지 않습니까? 두 회사 모두 직원들에게 엄격한 회사이지만 정이 있다. 따라갈 수 없는 직원들은 자발적으로 그만두겠지만, 남아있는 이들은 열심히 하겠지요. 두 회사의 공통점은 관리 회계를 철저히 시행하고 있다는 점입니다. 자신들이 노력한 결과가 수치성과로 제대로 나타난다는 것이 중요합니다. 회사가 주주의 것이냐, 아니면 직원들의 것이냐라고 말들을 하지만, 인본주의를 제대로 실천하면 주주에게도 이익이 있습니다."(『닛케이 비즈니스』, 2015년7월 31일자)

MM 경영은 일본 고유이자 세계적으로도 최첨단의 노동관을 내세우고 있다. 최근 느슨한 풍조 속에서 이나모리와 나가모리를 블랙기업의 원조처럼 취급하는 보도나 인터넷상의 글이 심심찮게 눈에 띈다. 한탄스러울 따름이다. 일하는 것의 의미를 설파하는 것조차 용기가 필요하다는 세태를 이나모리, 나가모리 그리고 그 뒤를 잇는 야나이, 나아가 차세대의 다카시마(高島宏平, 오이시크스 창업자)가 떨쳐내 버리기를 진심으로 기대해 본다.

리더 육성

그렇다면 조직을 Inspire! 하는 사람은 누구인가?

이나모리는 아메바 경영을 통해 '전원 경영'을 지향한다. 반면, 나가모리는 전원 경영이 때로 무책임한 경영이 되어 아무도 결정하지 못하는 경영에 빠질 위험이 있다고 경고하면서 전 직원의 벡터를 일치시킴으로써 '전원참가형 경영'을 지향하고 있다.

이러한 전원 경영, 전원 참가형 경영을 실현하기 위해서는 경영자와 차세대 리더들의 역량이 요구된다. 이나모리는 아메바 경영의 진정한 목적은 리더 육성에 있다고 말한다.

"조직을 아메바라고 불리는 작은 단위로 나누어 회사를 중소기업의 연합체처럼 구성한다. 그리고 각 아메바의 경영을 리더에게 맡김으로써 경영자 의식을 가진 인재를 육성합니다."(이나모리 가즈오 OFFICIAL SITE)

나가모리도 "조직을 다이내믹하게 움직이고 싶다면, 경영자는 무엇보다도 간부 후보생들을 선발하고, 경영자 자신이 이들을 강한 리더로 키워야 한다."고 강조한다(『도전의 길』). 사자는 자기새끼를 골짜기로 떨어뜨린 후 기어올라오는 놈을 리더로 키운다는 밀림의 룰을 인용하면서 말이다.

나가모리는 또 한 번 알기 쉬운 에피소드를 꺼내어 묻는다. "만약

한 마리의 늑대 리더를 가진 49마리의 양 군단과 한 마리의 양 리더를 가진 49마리의 늑대 군단이 싸운다면 어느 쪽이 이길 것 같습니까?"

물론 답은 전자이다. 나가모리는 이어 "리더의 힘이 그 집단의 승패를 결정한다."고 말한다. 그리고 그런 리더를 외부에 의존해서는 안 된다는 것이다. "세상에서 프로 경영자라고 불리는 이들을 외부로부터 영입했지만 결과는 제로로 경영을 맡길 수 있는 사람이 없었습니다. 일본에는 프로 경영인이 많지 않다는 것을 잘 알게 되었습니다. 결국 스스로 키울 수밖에 없습니다."(『주간 다이아몬드』 2019년 10월 26일자)

이나모리도 나가모리도 인재 육성을 가장 중요한 경영 과제로 삼고, 가장 많은 시간을 할애하고 있다. 20세기 최고경영자 중 한명으로 유명한 GE의 잭웰치 CEO는 리더육성기관으로 유명한 동사의 연수시설에서 차세대 인재육성을 위해 자신의 시간의 40%를 썼다고 한다. 이나모리와 나가모리의 정확한 정량적 정보는 없지만 OJT를 포함해 80%이상의 시간을 투자했다고 한다.

나가모리는 리더의 육성에 관련된 시간과 비용에 대해 "한 사람의 경영자를 만들려면 최저 10년의 세월과 10억 엔의 투자가 필요하다." 고 말한다(『사람을 움직이는 사람이 되라』).

글로벌 경영대학교

실제로 두 사람 모두 차세대 리더 교육 프로그램에 남다른 정열, 열의, 집념을 불태우고 있다. 게다가 회사내 뿐만아니라 사회의 인재 육성에까지 손을 뻗고 있다.

이나모리가 철학 교육을 최우선 과제로 삼아 교세라, KDDI, JAL에서 괄목할 만한 성과를 거둔 것은 널리 알려진 일이며 교토상(賞)과 세이와쥬쿠를 통해 일본 및 세계의 차세대지도자육성에 힘쓰고 있다고 앞에서 보았다.

나가모리도 "경영 마인드를 가진 인재가 여전히 부족하다."(『도전으로 가는 길』)는 것을 가장 큰 경영 과제로 꼽고 있다. 그리고 나가모리 경영쥬쿠 및 글로벌 경영대학에서 나가모리 경영철학의 보급에 많은 시간을 할애하고 있다. 또한, 나가모리상(賞)과 교토 첨단과학대학의 운영을 통해 전 세계 차세대 인재의 발굴과 육성에 나서고 있는 것도 언급한 바와 같다.

다른 일본 기업들도 구미의 유명 비즈니스 스쿨에 인재를 파견하는 식의 손쉬운 프로그램이 아닌, 독자적 경영자 육성 프로그램을 전개하고 있는 곳이 늘어나고 있다. 그러나 그 내용을 보면 외부 교육기관에 일임하는 식이거나, 반대로 경영자가 자신의 생각과 경험담을 위주로 한 자의적 제작 프로그램인 경우가 많다. 이 같은 안일한 프로그램으로는 진정한 차세대 경영자가 양성될 리 만무하다.

이에 반해 필자도 협력하고 있는 글로벌경영대학교는 그 진정성이 남다르다. 전 세계의 차세대 경영자 후보들을 대상으로 나가모리 본인이 철저하게 자신의 경영의 진수를 가르친다. 또한 선사에서 수행체험도 하면서 세계와 일본의 첨단 경영혁신 기법을 실무적으로 학습한다. 마지막 교육과정에서는 자체적으로 혁신 프로그램을 제안하게 하고, 실천 결과를 1년 후 다시 발표하게 한다.

그 목적과 성과를 나가모리는 다음과 같이 말한다.

"이 연수에서는 당사의 세계 표준인 Nidec Way나 글로벌차원에서 비즈니스를 하기 위한 MBA교육과 유사한 내용도 가르치고 있지만, 교재뿐만 아니라 살아있는 지식으로서 저의 지금까지의 경험담도 이야기하고 있습니다. 이를 통해 경영자란 무엇인가를 느끼게 하고, CEO를 꿈꾸는 사람으로서의 각오를 다지도록 합니다. 그렇게 해서 '미니 나가모리'가 늘어나는 것입니다. 졸업생이 이미 40여명 있는데, 본국에 돌아가 사장이 되거나 조직의 리더가 된 사람도 있어, 나름의 영향력도 생겼습니다. 글로벌경영대학교의 교육은 살아있다고 느낍니다."(주간다이아몬드, 2019년 10월 26일자)

이 프로그램에는 해외 자회사의 최고○○경영자(Chief ~ Officer) 급들도 참여하고 있다. 예를 들어, 독일 자회사에서 참석한 폰 바우어

CFO는 다음과 같이 말했다.

"(이 프로그램은) 훌륭한 컨셉으로 질적으로는 단기 MBA(경영학 석사)과정수준이라고 할 수 있다. 게다가 중요한 것은 네트워킹으로 최고경영자와 타부서의 리더들과의 관계구축도 가능하다. 나는 일본에서의 연수를 통해 나가모리의 철학을 깊이 이해할 수 있었고 (중략) Nidec 고유의 기업문화도 느낄 수 있었다. 또한 내용의 대부분이 글로벌차원에서도 적용 및 활용할 가치가 있음을 알게 되었다. 나가모리의 말은 이해하기 쉽고 이를 실천한다면 우량기업으로 거듭날 것이다."

바우어는 귀국 후 유럽에도 유사한 교육 센터의 설립을 검토하고 있다. 이는 '자기화'와 '즉시 실행'이라는 가르침을 실천하고 있는 것이다.

이나모리와 나가모리의 목표는 진정한 리더를 양성하는 것이다. 그리고 진정한 리더란, 뜻을 높이 세우고(M), 목표 달성에 대한 집념을 불태우며(OR), 사람의 마음에 불을 지필 수 있는(I) 인재를 말한다. 바로 MORI 모델 그 자체이다.

굳이 차이점을 꼽자면 어떤 요소에 더 비중을 두는가 하는 것인데 이나모리는 대의를 중시한다. M 요인, 즉 Mindful에 대한 생각이 강하다. 반면, 나가모리는 사람을 움직이게 하는 것을 가장 중요시한다. I 요인 즉 인스파이어(Inspire!)가 최고의 가치라고 보고 있다.

MORI의 4요인을 나열해 비교해 보자면, 이나모리 경영은 전륜구동, 나가모리 경영은 후륜구동이라고 할 수 있을 것이다. 다만, 다른 두 바퀴도 자율적으로 돌아간다는 점에서 사륜구동이 대전제이다.

게다가 리더의 본질적 역할에 대해서는 어느 쪽도 흔들림이 없다. 즉 변화를 불러일으키는 것이다.

위기의식이 아닌 사명감

그렇다면 변화의 기폭제는 무엇일까? 일반적으로 위기감이 변화의 계기가 된다고 생각하기 쉽다. 그러나 이나모리는 위기감이 아니라 의지가 핵심이라고 말한다. JAL의 경우를 보면 위기에 직면했지만, 위기감만으로는 진정한 변화를 일으킬 수 없었다고 한다.

"JAL은 파산의 실감이 별로 없었다. (중략) 리더의 강한 의지와 사명감이 없으면 기업은 회생될 수 없다는 사실을 간부들과 논의했다."(일본기자클럽 간담회 보고서, 2011년 2월 8일자)

같은 간담회에서 일본이 빠져 들어간 잃어버린 30년 즉 헤이세(平成)의 실패에 대해서도 다음과 같이 말하고 있다.

"(일본 경제의 침체에 대해) 리더들의 강렬한 열망이 결여되어 있지 않았나. 지난 세월을 잠자고 있었던 것은 아닌가. 문제는 경영자의 의욕이다. 이대로 가다가는 일본은 서서히 자멸할 것이다."

나가모리는 '위기감 = 비장감'으로는 아무것도 해결되지 않는다고 말한다. 그리고 '긍정적인 위기감 = 사명감'을 가지고 마음을 다잡아가며 업무에 임할 것을 강조한다.

"어려운 시기이지만, '이만큼만 하면 괜찮다'는 명확한 지침을 경영자, 리더가 제시하는 것에서부터 시작한다면 위기감을 도약의 발판으로 삼을 수 있다. 꿈과 로망, 목표와 지침이 없이 비장감만으로 사람을 움직이는 것은 불가능하다."(『사람을 움직이는 사람이 되라!』)라고 말했다.

아울러 "지금의 일본에는 진정한 리더가 없다."고 개탄한다. 그래서 원대한 목표를 지닌 리더의 육성을 위해 사재를 털어 교토 첨단과학대학의 경영에까지 나서고 있다. 필자 또한 미력하나마, 2022년 봄부터 (동 대학의) 비즈니스 스쿨을 전폭적으로 지원한다. 교토에서 진정한 글로벌 리더가 탄생되는 날이 오기를 기대해 주셨으면 한다.

종장 MM 경영의 미래

Purpose & Profit

자본주의의 파탄은 누구의 눈에도 분명해 보이지만 그 끝은 잘 보이지 않는다.

2019년 8월 19일, 충격적인 뉴스가 전 세계를 강타했다. 미국의 유력 경영자 단체인 비즈니스 라운드테이블(Business Round Table)이 'Statement on the Purpose of a Corporation(기업의 목적에 관한 성명서)'을 발표했다. 이 성명서에서 그동안 금과옥조였던 주주제일주의를 멀티 스테이크홀더 주의로 바꾸겠다고 선언한 것이다. 즉, 주주뿐만 아니라 고객, 직원, 지역사회까지 배려하는 경영으로 전환하겠다는 것이다.

그렇다고 해서 미국 기업들이 갑자기 이타주의로 개종했을 리는 만무하다. 장기 투자가들이 'ESG경영'으로 투자방침을 변경하기 시작한 것이 더 이상 무시할 수 없는 배경으로 작용했다. 환경과 사회를 착취하면서 자사 이익의 극대화를 꾀하는 것은 장기적으로 볼 때 기업 가치의 파괴로 이어질 수 있다. 따라서 이번 움직임은 '주주자본주의2.0'을 표방한 것이나 다름없다. 말하자면 모양새 좋은 자본주의로의 전환과 연명책인 것이다.

그러나 그 이면에는 '퍼포스 경영'으로의 지각변동이 전 세계적 차원에서 진행되고 있다는 사실을 간과해서는 안 된다. 앞서 언급한 성명서 역시 퍼포스를 표방하고 있다. 또한 세계 최대 자산운용사인 블랙록의 래리 핀크 CEO는 2019년, 2020년의 2년에 걸쳐 Purpose & Profit이라는 제목의 서신을 주요 투자처의 CEO 앞으로 보냈다. 기업의 본질적 존재이유 즉 sense of purpose(志)가 무엇보다 중요하다고 말한다. Profit(이윤)은 결과일 뿐 목적이 되어서는 안 된다는 말이다.

이는 일본 자본주의의 아버지로 불리는 시부사와가 주창한 논어(purpose)와 주판(profit)에 다를 바 없다. 100년이 지난 후 전세계가 일본적 가치관에 접근하고 있는 것이다.

그러나 대다수의 일본 기업들은 지난기간 서구식 자본주의에 영합하며 ROE경영, 코포레이트 거버넌스 등 외래사상에 휩쓸려온 것이 아무리 생각해봐도 유감이 아닐 수 없다. 시류에 뒤처진 정도가 아니라 시대를 역행하는 혼돈상태인 것이다.

그 와중에 이나모리와 나가모리는 일본 본연의 윤리관, 노동관,

기업관에 흔들림 없이 사회적 가치와 기업 가치의 향상을 목표로 삼아왔다. 때로는 시대착오, 블랙기업이라는 비아냥거림을 받으면서도 결국은 세계 최첨단의 경영을 추구해 온 것이다.

일본에서는 지금 또다시 SDGs라는 계절풍이 거세게 불고 있다. 서구형 사회 규범을 추종하려는 비굴한 습성은 좀처럼 수그러들 기미가 보이지 않는다. 그렇다고는 해도 산-관-학, 그리고 언론까지 거국일치가 되어 SDGs에 열중인 나라도 흔치 않다.

SDGs의 내용이 틀린 것은 아니다. "누구도 소외되지 않은 채 사회문제를 해결해 간다."는 것은 매우 훌륭한 목표다. 다만, 그 내용 하나하나가 너무도 당연해서 맥이 풀릴 지경이다. 더군다나 2030년이라는 목표까지는 10년도 채 남지 않았다. 이대로라면 본질적 과제의 해결이나 가치 창출은 이루기 힘들 것 같다.

새로운 SDGs

필자는 책의 서론부분에서 언급한 바대로 SDGs의 신버전을 제창하고 있다(도표 8).

S는 지속가능성을 뜻한다. 그러나 현재 제시된 SDGs 17장의 카드는 교과서적인 일반규정에 지나지 않는다. 기업들은 각자 높은 뜻을 담은 18번째의 카드를 제시해야 한다. 필자는 이를 '자유규정항목'이

[그림 8] 新 SDGs – 자본주의에서 지본주의로

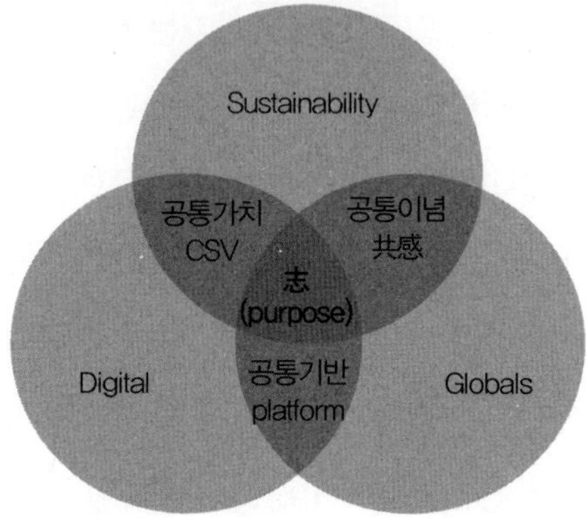

출처: 일본경제신문, 2020.5.13., 저자기고

라고 부른다.

D는 디지털을 가리킨다. 세상에는 디지털에 대한 열망이 불어닥치고 있다. 그러나 디지털 기술에 휘둘려서는 안 된다. 디지털 그 자체는 도구이며, 일상재에 불과하다. 핵심은 트렌스포메이션, 즉 디지털기술을 구사해 어떻게 기업혁신을 실천하느냐에 달려 있다.

G는 글로벌즈이다. 세계 전체를 시야에 넣은 경영을 말한다. 그러나 세계는 국경없음(borderless)이 아니라 점점 더 국경(borderful)의 시대로 가고 있다. 미중 마찰이나 코로나 사태 속에서 각국은 국경을 강화해온 것 등이 대표적인 예다. 이제는 다극화되고 분단된 세계를

재결합시켜야 한다. 그래서 필자는 굳이 글로벌즈로 복수형을 사용하기로 했다.

모두 시간 축은 2050년으로 설정하고 있다. 2050년에는 현재 80억 명인 세계 인구가 100억 명에 달할 것으로 추산되고 있다. 만약 이들 모두가 현재 미국인 수준의 생활을 추구한다면 지구가 다섯 개는 필요하다는 추산도 있다. 현재의 공급과 소비를 둘러싼 근본적 개혁이 급무이다.

또한 싱귤래러티, 즉 인공지능이 인간의 지능을 넘어서는 기점이 머지않은 미래에 도래할 것이라는 예측이 있다. 애당초 싱귤래러티가 도래할 것인가에 대해서는 신학적 논란이 끊이지 않는다. 그러나 2050년에는 틀림없이 싱귤래러티가 오기 전 AI가 인간의 지능에 근접할 것이다. 그리고 2049년은 세계 패권경쟁이 정점을 맞이할 가능성이 있다. 중국은 건국 100주년을 맞아 미국을 명실상부하게 넘어서겠다는 목표를 설정하고 있다. 지정학 및 지역경제학은 2049년을 패러다임 전환기로 맞이하게 될 것이다.

2050년까지 앞으로 30년이 채 남지 않았다. MM경영의 장기적인 안목으로 보면 충분히 가능한 일이다. 지금 SDGs가 제시한 2030년이라는 어중간한 시간 축이 아니라, 2050년 기준에서 재구성하여 미래를 스스로 개척해 나가야 한다. 여기서 가장 중요한 것은 그림의 중심에 위치하는 '지(志, Purpose)'다. 우리는 애초에 무엇을 위해 존재하는가? 누구를 위해, 무엇을 하고 싶은가? 어떤 미래를 만들고 싶은가? 그것은 무슨 때문인가? 이는 이나모리가 말하는 대의이며 나가모리가 말하는 꿈이다. 그리고 그것이야말로 지본경영의 핵심이다. 주변에서 흔히 볼 수 있는SDGs는 '지(志)'의 파생상품에 불과하다. 본 장에서는 이나모리 경영, 그리고 나가모리 경영이 지향하는 미래를 필자의 시선에서 탐색해 보고자 한다. 그 때, 이 〈신(新)SDGs+P〉라는 지본경영의 프레임워크가 도움이 될 것이다.

녹색혁명의 기수

교토는 지속가능성(sustainability)의 세계적인 성지이다. 1997년 교토에서 개최된 유엔기후변화협약 제3회 체결국 회의(COP3)에서 온난화에 대한 국제적 대처방안이 처음으로 합의되었기 때문이다.

교토의정서, 영어로 Kyoto Protocol이라고 불리는 협약에 따라 일본 정부도 1990년 대비로 2008~12년에 6%의 온실효과가스의 배출량삭감이 의무화되었고, 이를 무난히 달성했다.

지속가능성의 여러 과제 중 온난화 대책, 그리고 탈탄소화는 현재 가장 중요한 선결과제이다. 이나모리도 나가모리도 모두 창업 초기부터 이 같은 환경문제 해결을 본업으로 삼아 왔다.

교세라는 세라믹, 즉 무기물에서 유익한 제품을 만들어 내고 있다.

탄소를 포함한 유기물을 다루는 화학 산업과는 소재 차원에서 근본적으로 다르다.

이나모리는 대학에서 유기화학을 전공했고 당시 인기분야였던 화학 산업으로의 취업을 희망했다. 그러나 그 희망은 이루어지지 않았고, 교토의 쇼후공업(松風工業)에 입사하여 그곳에서 세라믹과 만나게 된다. 이 후, 전자산업이 부상하는 가운데 파인세라믹스의 기수로서 교세라는 고속 성장을 이룩했다. 유기화학 기업으로의 취업좌절이 뜻하지 않았던 비탄소의 길을 걷게 한 것이다. 이나모리가 탈탄소 사회에 보다 적극적으로 뛰어든 것은 1차 오일쇼크 이듬해인 1975년, 교세라 창업 16년째다. 파나소닉, 샤프 등 5개사 합작으로 태양광 발전을 위한 재팬솔라에너지가 발족되었다. 이후 적자 등을 이유로 각 사가 철수하는 가운데, 교세라만이 그 후 반세기 가까이 태양광 발전사업을 지속해오고 있다. 이나모리는 다음과 같이 말한다.

"우리 교세라는 사업의 불씨를 꺼뜨리지 않고 꾸준히 이 사업을 계속해 왔습니다. 왜 이것이 가능했을까요? 그 건 한마디로 그 사업에는 우리가 집념을 불태울 대의가 존재했기 때문입니다. '태양 에너지를 이용한 인간 행복에의 공헌'이라는 대의를 그저 묵묵히 실천해 온 것이며 이는 지금도 변함이 없습니다."(태양에너지 30주년 감사의 모임 기념강연 2005년9월2일)

정말이지 "태초에 대의가 있습에"이다.

최근에는 태양광발전을 중심으로 다양한 재생에너지 관련 사업에 진출하고 있다. 예를 들자면, 분산된 태양광 발전 시스템 등 에너지 자원을 IOT로 한 곳에 모아 효율적으로 작동시키는 가상발전소(Virtual Power Plant) 솔루션이 대표적이다. 일반 주택이나 소규모 발전소 등의 태양전지에서 일으킨 전력을 하나로 묶어 사용할 수 있는 시스템을 실증 실험 중에 있다.

이미 사업화한 것으로는 가정용 연료전지 코제너레이션 시스템 '에너팜 미니'가 있다. 도쿄가스와 협력하여 세계 최소형 제품을 개발, 2019년부터 판매를 시작했다.

게다가 주택용 축전용시스템도 주목받고 있다. 수명이 길고 안전성이 높으며 저비용의 세계최초 클레이형 리튬이온 전지를 내장한 주거용 고정타입의 축전지 시스템을 개발하여, 2020년부터 시장에 투입하고 있다.

2020년 9월에는 교세라 독자모델의 컨셉트카 '모아이(Moeye)'를 발표해 자율주행시대의 자동차 실내 공간 활용을 위한 새로운 패러다임을 제시했다. 자율주행 시대에 걸 맞는 실내 공간의 중요성에 착안하여 놀라움과 쾌적함을 더해주는 미래형 조종석 또한 독자적으로 개발했다. 여기에는 공중 디스플레이, 생체 친화적 LED조명, 촉감 전달 센서 등 독자기술이 대거 탑재되어 있다.

이와 같은 지속적 노력이 높게 평가받아 교세라 그룹은 '지구온난화 방지활동 환경부장관 표창'을 2010년부터 10년 연속으로 수상하고 있다. 그야말로 일본을 대표하는 친환경(Green Transformation) 기업이라 할 수 있다.

녹색으로 태어나(Born Green)

한편, 나가모리도 창업 이래 지속가능성을 경영의 중점사업으로 삼고 있다. Nidec의 핵심 사업인 모터는 석유관련 동력으로부터의 전환을 의미한다. 나가모리는 "산업의 쌀이 반도체에서 모터로 바뀔 것이다."라고 단언한다. 게다가 Nidec이 자랑하는 브러쉬리스 DC모터는 일반 모터에 비해 전력 소비량이 절반에 불과하다.

IR 세미나에서 나가모리는 다음과 같은 소감을 밝힌 바 있다(2018년1월24일)

"원래 저는 학창시절부터 브러쉬리스 모터에 대한 연구를 계속 해왔고, 예전 다니던 회사에 '이 모터는 장래가 유망하니 사업화하면 어떻겠느냐'고 제안했었지만, '그런 것에는 관심이 없다'는 대답이 돌아왔다. 그래서 저는 '세계의 모든 모터를 브러쉬리스 모터로 바꾸자'는 원대한 계획을 가지고 1973년 Nidec을 설립했습니다."

현재 Nidec은 브러쉬리스 모터로 세계 시장의 약 50%를 점유하고 있다. 에너지 절약화를 통해 세계를 움직이는 동력시장을 홀로 떠맡고 있다고 해도 과언이 아니다. 앞서 언급했듯이, 나가모리는 모터 혁명이 '다섯 개의 큰 물결'이라는 비연속적 성장 기회를 가져다줄 것으로 기대한다. 탈탄소화, 디지털 데이터 폭증, 절전화, 로봇화, 물류 혁명이 그것이다. 이들 모두에는 브러쉬리스 모터가 핵심 기술이다.

예를 들어, 급성장이 기대되는 EV는 탈탄소화뿐만 아니라 이들 다섯 가지 큰 물결이 겹쳐진 거대한 흐름이다. 그 속에서 Nidec은 모터뿐만 아니라 구동계 전체를 시스템으로 제공하고자 한다.

자동차의 기본은 달리고, 멈추고, 돌고이다. 각각의 핵심 부품은 구동 모터, 브레이크 모터, 파워 스티어링 모터이다. Nidec은 이 세 가지를 장악함으로써 산업내 혁신을 주도하고자 한다.

2021년 3월에는 대만의 홍하이 정밀공업(Foxconn Technology Group)의 '안드로이드 자동차' 개발 파트너가 될 것이라는 보도도 있었다. 스마트폰에서는 구글이 개발한 무료OS 안드로이드가 탑재된 홍하이의 단말기가 세계를 석권하고 있다. 이를 샤오미, 오포 등 중국의 신흥 팹리스 업체들이 판매하고 있다. 마찬가지로 EV도 Nidec의 구동계를 탑재한 '화이트박스 자동차'를 홍하이가 생산하고, 이를 타 업종 기업이나 신규 참여기업이 자사 브랜드로 시장에 진입하게 될 것이다.

수직 통합의 폐쇄형 산업구조를, 수평 분업의 개방형 구조로 전환한다는 '100년에 한 번 있을 산업혁명'이다. "2030년 자동차 가격은 5분의 1로 떨어질 것이다!"라는 말이 최근 나가모리의 입버릇이다.

어쩌면 물류 혁명의 열쇠를 쥐고 있을 것으로 기대되는 것이 드론이다. Nidec은 이미 산업용 드론용 모터를 양산하고 있다. 또한 사람을 태우고 하늘을 이동하는 유인 드론(비행 로봇)을 움직이는 모터 개발에도 착수했다.

나가모리는 "머지않은 장래에 마이 드론의 시대가 올 것"이라고 장담한다. 한 사람 한 사람이 자신의 드론으로 이동하게 될 것이라는 것이다. 그렇게 되면 마이카 시대는 옛말이 될지도 모른다.

나가모리는 '일본의 일론 머스크'라고 불리기도 하지만 탈탄소 사회에 대한 가치 제공이라는 측면에서 보면, 일론 머스크를 넘어서고 있다.

Nidec은 그린본드(환경채권) 발행에서도 타사의 추종을 불허한다. 2019년 11월에는 국내 최대 규모인 1,000억 엔의 채권을 발행해 화제를 불러 모았다. 조달한 자금은 EV 구동용 모터의 연구개발비 및 생산설비투자에 사용된다. 2021년 3월에는 일본 기업으로는 처음으로 5억 유로(약 650억 엔) 규모의 그린본드를 발행했다. 고이즈미 신지로(小泉進次郎) 환경부 장관은 필자에게 "Nidec이야말로 녹색 혁명의 기수"라고 극찬한 바 있다.

녹색얘기가 나온 김에 덧붙이자면 나가모리는 녹색 넥타이만 골라서 맨다. 이미 천 개를 넘는 녹색타이를 가지고 있고, 이천 개의 녹색넥타이가 목표라고 한다. 그는 그 이유를 다음과 같이 답했다.

"저는 달력상의 9성으로 따지자면 이흑토성에 해당하는데, 이것은 흙입니다[14]. 흙에는 녹색이 빠질 수 없기 때문에 녹색 넥타이를 매고 있습니다. 그리고 녹색에는 태양이 필요하기 때문에 항상 태양을 바라보고 앉습니다. 지금은 사장이라서 어디에 앉아도 상관없지만, 젊은 시절에는 남쪽이나 동쪽을 향해서만 앉아서 상사와 다투기도 했어요."(『프레지던트』지 2011년10월호) 참으로 나가모리다운 고집스러움이다. Nidec의 기업 컬러도 당연히 녹색이다. 그야말로 'Born Green(태어나면서부터 녹색)' 기업이다.

18번째의 카드

이나모리와 나가모리는 2030년을 목표로 하는 현행 SDGs보다 훨씬 더 먼 미래를 구상하고 있다. 이나모리는 이타심의 중요성을 계속 설파한다. 일부 인간이 AI의 힘을 빌려 신의 자리에 앉는다는 호모 데우스형[15] 세계관과 대조를 이룬다. 이타심을 얘기할 때 요구

---

14) 9성이란 9개의 별에 오행과 방위각을 배치한 후 생년월일과 맞춰가며 길흉과 운세를 점치는 중국전래의 민간신앙(역자주)

되는 것은 윤리이며 공감이다. 이를 위해서는 현대 사회가 잃어가고 있는 가치관과 인생철학의 재구축이 필요하다.

한편, 나가모리는 꿈이 넘치고 활기찬 사회 건설을 목표로 삼고 있다. 글로벌경영대학 1기생의 한 학생이 최종 발표에서 "우리는 사물을 움직이는 Motion 기업에서 인간의 마음을 움직이는 e-Motion 기업이 되자."고 제창했을 때, 나가모리는 갈채를 보냈다. 제안한 이는 몇 년 전 Nidec이 인수한 혼다 그룹 자회사 출신의 간부 후보생이었다. 혼다 소이치로의 영혼이 시공간을 초월해 Nidec 그룹에서 살아 숨쉬고 있다는 것을 잘 보여주는 한 장면이다.

공감, 혹은 감동. 이것이야말로 일본이 세계에 제시해야 할 SDGs의 '18번째 카드'이다. 이나모리와 나가모리는 지속가능성이라는 주제에 있어서도 일본 기업의 과거 글로벌 스탠다드 의존이라는 스스로의 굴레에서 벗어나 자사 특유의 '자유규정항목'을 펼치고 있다.

디지털 시대의 새로운 아이콘

신 SDGs의 두 번째 D 즉 디지털은 교세라나 Nidec 모두에 있어 창업 초기부터 본업의 한가운데를 차지하고 있다. 지난 반세기 동안

15) 역사학자 유발하라지는 저서 『호모데우스』에서 인지혁명에 이은 인간의 미래를 예견하고 있다.(역자주)

컴퓨터와 통신이 폭발적으로 성장하는 가운데, 주요 부품 제조업체로서 양사 모두 큰 도약을 이뤄냈다. 지금도 미국의 애플이나 대만의 홍하이 등 세계 유수의 디지털기기 제조업체들에게 교세라의 세라믹 제품이나 Nidec의 초소형 모터는 핵심 부품이다. 두 회사 모두 'Born Digital(디지털 시대의 총아)'라고 할 수 있다.

일본 기업은 디지털 시대의 패배자라고 불려왔다. 구글, 애플, 페이스북, 아마존닷컴, 마이크로소프트(GAFAM)나 바이두, 알리바바 그룹, 텐센트, 화웨이(BATH)가 전개하는 거대 플랫폼 비즈니스는 미국과 중국의 독무대이다.

과거 전자입국을 겨냥했던 일본의 수직통합형 반도체 사업(IDM: Integrated Device Manufacturer)은 세계 시장이 대만의 TSMC를 필두로 한 아시아 파운드리와 미중의 팹리스 업체로 양극화되면서 총체적 난국에 빠졌다.

그러나 그 와중에도 세계적 흐름에 편승하여 승자로서의 성장을 이어온 것은 최첨단 개발력과 생산력을 지속적으로 연마해 온 일본의 부품 및 소재 업체들이다. 애플의 제품 속을 들여다보면 일본 업체들의 부품으로 상당수 채워져 있다. 교세라와 Nidec은 이러한 디지털 시대의 승자의 전형이다. 이외에도 무라타제작소(콘덴서), 닛토덴코(편광판)를 비롯해 다이킨공업(불소코팅제), 아지노모토(아미노산 밀봉재)등 숨은 소재 메이커도 많이 존재한다.

컴퓨터 전성기에 인텔은 '인텔 인사이드' 전략으로 도약했다. 일본의 B2B기업들도 지금까지처럼 조역에만 만족할 것이 아니라 브랜드 전략을 적극적으로 구사한다면 기업가치를 더욱 높일 수 있을 것이다. 나가모리는 저널리스트 이노우에 히사오(井上久男)와의 인터뷰에서 다음과 같이 말했다.

"자동차 본넷을 열면 반드시 Nidec의 모터가 들어 있어 '인텔 인사이드'가 아닌 'Nidec Inside'라는 라벨을 전 세계 자동차의 앞 유리에 붙이고 싶다."(『문예춘추』 2020년 11월호)

디지털은 이제 새로운 시대를 맞이하고 있다. 가상(Cyber)이 현실(Physical)과 융합하는 사이버 물리 시스템(Cyber Physical System : CPS) 세상이다. 초기의 디지털 혁명은 가상세계가 주 전장이 되어, GAFAM이나 BATH가 세상을 지배하는 것처럼 보이지만, CPS의 시대가 열리면 현실에 강한 일본 기업에게도 활약의 기회가 찾아온다.

현실 세계에서 데이터를 수집하기 위한 센서. 이 분야에서는 소니와 교세라 그룹이 압도적인 점유율을 지니고 있다. 수집된 빅데이터는 가상의 세계에서 프로세싱(연산 처리)되어 그 결과를 현실 세계에 피드백한다. 그러나 현실 세계를 움직이기 위해서는 액추에이터가 필수적이다. 이는 Nidec 그룹 등을 포함한 일본 업체가 세계적인 경쟁력을 자랑하는 영역이다. 또한, 프로세싱조차도 클라우드 컴퓨팅 등의 가상 세계에서 현실 세계로 편입될 것이다. 엣지 컴퓨팅이라고 불리는 새로운 패러다임이다. 예를 들어 파낙이 제시하는 스마트 공장 구상에서는 로봇에 내장된 인공지능이 시스템 전체와 협력하면서 자율적으로 작업을 수행해 나간다. 이 내장형 AI를 제공하는 곳은 Preferred Networks(프리퍼드 네트웍스)라는 일본발 벤처기업이다. 여기에는 GAFAM이나 BATH등의 모습은 없다.

디지털의 너머에

IOT의 끝에는 만물인터넷(Internet of Everything, IOE)의 시대가 도래할 것이다. IOH 즉 Internet of Human, 인간 확장(Augmented Human)의 시대라고도 불린다. 일례로, 일론 머스크는 뉴럴링크(Neuralink)라는 새로운 벤처기업을 설립하여 인간의 뇌에 인공지능을 이식하는 시도를 하고 있다. 소니컴퓨터과학연구소 부소장 겸 도쿄대 교수인 레키모토 준이치(暦本純一)는 IOA(Internet of Abilities)라는 말을 즐겨 쓴다. 머스크처럼 지적능력을 강화할 뿐 아니라 신체능력이나 인지 능력 등 인간의 모든 능력을 대상으로 하며, 장애인이나 노인의 능력 보정과 능력 회복도 시야에 넣고 있다.

그야말로 '광속 에스퍼'이자 '사이보그 009'의 세상이다. 아니, 요즘 세대에게는 '신세기 에반게리온'이나 '도라에몽'이라고 말하는 편이 어울릴지도 모르겠다. 어쨌든, 그런 SF 같은 세계가 도래할 것이라고 레키모토는 말한다(『망상하는 머리 생각하는 손』, 2021).

재생의료나 노화방지 등의 기술이 발전하면 '100년 인생'이 아닌 '120년 인생'이나 '125년 인생'의 시대가 도래할 것이라고도 한다(데이비드 싱클레어 『LIFESPAN』). 그렇게 되면 언젠가는 '비금속 피로'를 유발하는 인체의 무기적인 부위를 어떻게 재생, 강화할 것인가가 과제가 될 것이다. 이때 교세라의 인공관절이나 Nidec의 초소형 모터가 크게 활약할 것이다.

교세라의 현 사장인 타니모토 히데오(谷本秀夫)는 디지털 시대에 자사의 강점을 다음과 같이 말하고 있다. "타사는 하드웨어에 힘을 쏟고 있지 않지만, 우리는 센서를 포함하여 하드웨어로 성장한 기업이기 때문에 생산 제작력이 탄탄하다. 시스템 구축력에서는 조금 떨어지는 부분이 있을 수 있지만, 부족한 부분은 외부와 협력하면 된다. 강점을 살릴 수 있는 형태라면 굳이 100% 우리 스스로 하지 않아도 된다."(『다이아몬드 온라인』 2019년 8월 22일자)

나가모리는 "2050년에는 세계 인구가 100억 명에 달하고, 500억 대의 인간형 로봇이 일하게 될 것이다."(『닛케이XTECH』 2019년 11월 6일자)라는 미래를 이야기한다. 그리고 한 대의 로봇에는 대략 600개의 모터가 내장되어 그것만으로도 폭발적인 소형 모터 시장이 예상된다고 한다. 또한 필자에게는 "게다가 인체에도 초소형 모터가 대량으로 내장되는 시대가 올 것이 틀림없다."고 귀띔해 주었다. 그야말로 인체가 사이보그화 되어가는 세상이다. 거기에서는 AI를 내장한 하드웨어가 가치의 원천이 될 것이다. 즉, 현재 각광받고 있는 '서비스형 제품(PaaS: Product-as-a-Service)'에서 '제품형 서비스(SaaP: Service-as-a-Product)'로 패러다임의 전환이 일어날 것이다. 그렇게 되면 디지털에 의한 가상화 기술이 아닌, 현실 세계에 구현하는 하드웨어 기술이 핵심이 된다. 일본의 부품 산업과 소재 산업이 세계를 석권하는 것도 결코 꿈은 아니다.

나가모리는 지금의 "하드웨어 경시 풍조는 큰 잘못이다."라고 말한다. 그가 교토 첨단과학대학을 설립한 것은 하드웨어 세계의 전당을 교토에 유치하기 위함이다. 인공지능과 로봇이 더욱 진화하고 싱귤래러티를 향해 나아갈수록 '인간이란 무엇인가'가 다시 한번 진지하게 논의될 것이다. 호모 데우스가 예언하는 디스토피아로 향하지 않기 위해서는 윤리와 정의, 이타심과 공감의 가치를 높여야 한다. 그래서 주목되는 것이 이나모리가 말하는 대의이고, 나가모리가 말하는 꿈이다.

디지털 사회가 진전될수록 '지(志, purpose)'가 기업의 지향점이자, 세계 시장을 향한 최대의 통화(通貨)가 될 것이다. MM경영의 '지(志) 본주의(퍼포시즘)'는 디지털의 물결에 휩쓸리지 않고 올바르게 북극성을 향해 나아가기 위한 필수불가결의 경영모델이 될 것이다.

다극화 시대의 경영 모델

그렇다면, 신SDGs의 세 번째 G 글로벌즈는 어떻게 될까? 교세라나 Nidec 모두 창업 초기에는 폐쇄적인 일본 시장에서는 받아들여지지 않았다. 그래서 두 회사 모두 실력 중심의 미국에서 실적을 쌓아 일본에 역상륙하는 길을 택했다. 지금도 해외매출 비중은 교세라가 매출의 2/3, Nidec은 80%를 넘는다. 그야말로 Born Global 기업이다.

제5장에서 소개한 4가지 성공모델로 말하자면, 두 기업 모두가 전형적인 W 유형이다. 경영 혁신과 운영이라는 두 가지 능력을 바탕으로 글로벌 경영을 전개하고 있다. 교세라에게 전자는 철학, 후자는 아메바 경영일 것이며, Nidec의 경우에는 전자가 3대 정신, 후자가 3Q6S의 추구이다.

양사에게 남겨진 과제는 두 가지 성장 엔진의 구축이다. 즉, 시장개척(마케팅)과 수익모델 구축(이노베이션)을 어떻게 글로벌 차원에서 구현해 나갈 것인가? 또한, 일본발이 아닌 구미, 중국, 인도 등 해외거점발 다원적 모델로 어떻게 전환할 수 있느냐이다. 이는 선진 글로벌 기업의 공통된 과제이기도 하다. 세계 시장은 신종 코로나, 미중 마찰 등을 겪으며 분열과 다극화가 진행되고 있다. 그렇기 때문에 어떻게 이들 시장을 재통합하고 진정한 세계화 경영을 지속시킬 것인가가 승부의 갈림길이다. 이를 위해서는 현장을 잘 알고, 세계적인 시야를 가진 글로벌 경영자 후보를 육성하는 것이 관건이다. Nidec은 언급한 바와 같이 그룹 자체의 글로벌 경영대학 등의 관련기관을 통해 차세대 인재 육성에 힘쓰고 있다.

중국과 함께

MM 경영의 또 하나의 특징은 중국에서의 인사이더화이다. 이나모리가 중국에서 붐을 일으키고 있는 것은 언급한 바와 같다. 이나모리의 저서는 발행 부수의 절반 이상이 해외에서 판매되고, 그 중 90%이상이 중국이라고 한다. 국경문제 등으로 반일폭동이 일어나 일본관련 서적의 대부분이 철거되는 상황하에서도 이나모리의 『살아가는 법』은 선반에 남아 있었다(닛케이신문 2013년2월19일).

이 책은 일본국내에서 130만 부가 팔린 베스트셀러인데 중국판은 300만 부 이상 판매되었다고 한다.

세이와쥬쿠도 2019년 시점에서 중국에 37개소 7천 명이 재적중이다. 같은 해 연말에 일본의 쥬쿠가 해산된 이후로도 중국에서는 활동이 계속되고 있다. 수강생 중 상당수는 중국 기업의 경영자들이다. 중국 기업의 젊은 경영자 중에도 이나모리 경영의 신봉자가 많다. BATH의 뒤를 잇는 TMD(Toutiao, Meituan Dianping, DiDi) 세대다. Toutiao는 현재 바이트댄스로 사명을 변경하고 TikTok(틱톡)을 운영하고 있다. 2012년 20대에 회사를 설립한 장이밍(張一鳴)도 이들 중 한 명이다. 그는 마음가짐을 끊임없이 질문하는 겸허한 자세와 '일에 매진하는 것이 수행'이라는 가르침에 크게 공감했다고 한다. 장에게 『살아가는 법』를 읽으라고 권유한 이는 메이퇀(美團)의 왕(王) CEO였다. 왕도 같은 책에서 경영의 정수를 배웠다고 한다. "기업가에게 가장 어려운 것은 시대에 어떻게 적응하는가 이고, 사람에게 가장 중요한 것은 어떻게 바른 길을 걸을 것인가라고 생각하게 되었다." (『프레지던트 온라인』 2020년9월 25일자)고 말했다.

나가모리는 중국 시장에 큰 기대를 걸고 있다. "중국은 반드시 성장할 것이다. 세계 최고의 EV 제조업체는 중국에서 나올 것이다." (『M&A 온라인』 2019년4월 18일자)라고 말했다. 코로나 사태의 절정기에 1000억 엔을 투자해 EV용 모터의 공장신설에 착수했다고 앞에서 언급한 바 있다.

나가모리가 2020년에 닛산자동차로부터 발탁해 사장을 맡고 있는 세키준은 닛산의 전무시절(2014년부터 4년간)에 중국 사업 담당과 현지법인 동풍기차의 총재를 겸임했던 중국 비즈니스의 프로이다. 세키는 "여기서 주저해서는 업적개선을 이룰 수 없다. 장래의 성장을 위해 쓸 자금은 쓰자."고 했다. 중국을 중심으로 세계 구동모터 시장에서 2025년 25%의 점유율을 겨냥하고 있다(닛케이신문 2020년 10월 27일).

2021년에 들어서도 세키의 기세는 뜨겁다. "차량용을 비롯해 중국 사업이 눈에 띄게 호조를 보이고 있다. 특정 지역에 치우치지 않는 경영 방침이지만, 가전-상업-산업용 제품의 중국 진출은 아직 미흡하다. 휴대폰용 진동모터에서부터 원자력발전소용까지 제품이 다양해 확대 여지는 충분하다. 중국은 풍력발전에도 적극적이며 이와 관련된 모터 등도 사업확장이 유망해 보인다."(『일간공업신문』 2021년 1월 15일자)

2021년 6월 나가모리는 세키에게 Nidec의 CEO자리를 넘겨주었다. 이에 따라 중국을 기점으로 한 '글로벌 경영 3.0'에 가속도가 붙을 것으로 보인다.

나가모리의 기세도 당당하다. 2020년 10월 결산 발표회에서는 "EV사업은 향후 점유율 45%, 1조 엔의 이익을 실현하는 사업"이라고 역설했다. 물론 중국에만 집중하고 있는 것은 아니다. 2000억 엔을 투자해 세르비아에도 EV용 구동모터공장을 신설한다. 가솔린 자동차에서 전기자동차로 크게 방향을 튼 중국과 유럽이라는 세계 최대 시장에서 가속 페달을 밟고 있는 것이다. '리스크(=변화)가 가장 큰 기회'라는 나가모리 경영이 진가를 유감없이 발휘되고 있다.

글로벌 경제는 리스크가 넘쳐난다. 특히 미중 패권경쟁은 가장 큰 리스크 요인이다. 어느 쪽에 가담하든 잃을 것이 많다.

일찍이 맹자는 패도(霸道)가 아닌 왕도(王道)를 걸어야 한다고 설파했다. 전자가 권력으로 다스리려는 데 반해 후자는 덕으로 다스린다. 이나모리는 지금이라도 이 가르침을 다시 배워야 한다고 설파한다. "나는 역시 인간성, 덕을 가지고 상대방의 신뢰와 존경을 얻은 후 사람들을 다스려야 한다고 생각합니다."(이나모리 가즈오 OFFICIAL SITE)

지속 가능성은 세계 전체의 과제이며 디지털에는 국경이 없다. 글로벌 경제도 분단에서 재통합으로 방향을 선회하지 않으면 안 된다. 그 때 우리는 서양의 패도에 편들지 않고 왕도의 중요성을 세계에 발신할 수 있을 것인가?

교토에서 세계로

이나모리는 단 한 번 다보스 회의의 공개 세션에서 연설을 한 적이 있다. 2013년 1월의 일이다. 다보스 회의의 주최자인 클라우스 슈왑이 『살아가는 법』의 영문판을 읽고 감명을 받아 러브콜을 보내왔기 때문이다. 이 자리에서 이나모리는 구미형 자본주의를 신랄하게 비판했다. 회의의 단골들인 세계의 정재계 인사들은 당황스러웠을 것이지만 청중들의 반응은 이나모리에게도 기대에 못 미치는 것이었다. 귀국 후 이나모리는 이렇게 털어놓았다. "거기에는 돈 많고 눈에 띄고 싶어하는 사람들만 있었어요. 그다지 의미 있는

모임이 아니었어요."(『니혼게이자이신문』 2013년2월 19일)

이후 다보스 회의에서는 매년 '자본주의의 종말'이 중심 의제로 다뤄졌다. 2020년에는 주주지상주의에서 다수 이해관계자주의로의 전환이 제창되었다. 그리고 2021년의 화두는 '그레이트 리셋(Great Reset)'이다. 코로나 쇼크, 기후 변화, 격차 확대라는 위기에서 더 나은 세상을 되찾기 위해서는 임시방편이 아닌 완전히 새로운 경제 사회 시스템을 구축해야 한다고 설파한다.

세계는 이제야 비로소 MM 경영의 핵심인 '지본주의' 경영 사상에 가까워지고 있다. 다보스 회의에 모이는 자본주의 기득권세력들이 과연 그들의 신조를 바꿀 수 있을지는 다소 의심스럽지만, 중국을 포함한 세계 선진 기업 중에는 일본에서 배우고자 하는 경영자가 적지 않다.

세일즈포스 닷컴의 창업자 마크 베니오프는 일본에서는 잘 알려져 있지 않지만 하버드 비즈니스 리뷰에서 '세계에서 가장 존경받는 기업가' 2위에 오른 인물이다. 베니오프는 다보스 회의에도 단골로 참석하며, 그의 절친인 사쿠라다 겐고(경제동우회 대표간사)와 함께 지속 가능한 성장을 위한 논의를 펼친다.

제3장에서도 언급한 바 있는 세일즈포스닷컴은 '오하나(Ohana)'를 기업 이념으로 삼고 있다. 오하나는 하와이 말로 가족을 뜻한다. 혈연과 세대를 뛰어넘는 넓은 개념이다. 전 세계 사람들, 그리고

미래의 아이들은 모두 대가족의 일원이라는 생각이다. 개인을 중시해 온 서구의 근대 사상과 결별하고 공(公)을 중시하는 동양의 사상을 도입하고자 한다.

베니오프는 일본에 올 때마다 교토를 찾는다. 가장 좋아하는 곳은 류안지다. 베니오프는 말한다. “석조 정원에는 15개의 돌이 있다. 하지만 앉아서 보면 돌이 겹쳐서 14개밖에 볼 수 없다. 거기서 배울 수 있는 것은 마음의 눈으로 볼 때 모든 것을 볼 수 있다는 것이다. 그러기 위해서는 마음과 하나가 되어야 한다. 류안지를 방문하면 기본으로 돌아가 초심을 되찾을 수 있다.”(『포브스 재팬』, 2019년 4월)

초심으로 돌아가라는 것은 선의 가르침이다. 초심으로 돌아가면 본래의 나를 되찾고, 거기서 미래가 보인다. MM 경영의 기본적 시간축이다.

우리로서의 자기관(Self-as-We)

그렇다면 공간축이란 무엇일까? 제1장에서 언급했듯이, 교토는 분리공존의 이론을 낳았고, 공생 사상이 뿌리내리고 있다. 교토대학의 데구치 야스오는 ‘우리로서의 자기관(Self-as-We)’을 제창하고 있다. 서구적인 개인으로서의 자기관의 반대편에 있는 동아시아의 전체론적 자기 사상, 그리고 니시타 철학의 흐름을 계승한 신 교토학파다.

지속가능성을 실천하기 위해서는 이기적 욕망에서 이타적 인애(仁愛)로 가치관을 크게 전환할 필요가 있다. 디지털로 모든 것이 연결되는 시대에도 Me-ism에서 We-ism으로의 전환이 요구된다. 데구치는 다음과 같이 말한다.

"현대의 정보 환경에서는 인공지능이나 로봇도 우리의 일부로서 에이전트가 될 수 있다. 그렇다면 이들을 어떻게 인식하고 상호작용해야 할 것인가? 더 나아가 사이버 공간에서는 나의 분신이라고 할 수 있는 것들도 만들어 낼 수 있는데, 이것도 우리의 일부라고 할 수 있을 것이다. 이러한 정보통신기술이 가져온 새로운 상황에서의 윤리와 존재론을 새로운 철학의 관점에서 논의해 나갈 필요가 있다."(『후루에』, 2020년 2월호)

2017년 노벨문학상을 수상한 이시구로 카즈오의 최신작 『클라라와 햇님』(2021)이 세계적으로 화제를 모았다. 주인공 클라라는 태양광을 에너지원으로 하는 인공 친구(Artificial Friend)이다. 그야말로 디지털과 지속가능성이 융합된 세상이다. 그 클라라와 인간 소녀, 소년과의 교감이 이 책의 주제이다. 클라라는 아마도 교세라의 세라믹과 태양광 시스템, Nidec의 초소형 모터와 액추에이터로 만들어졌을 거라고 상상하게 된다. 하지만 이시구로는 이런 엉뚱한 추측을 다음 인터뷰 멘트에서 날려버린다.

"소설에 등장하는 과학자가 '인간의 육체 어디를 찾아봐도 (영혼이라는 것은) 아무것도 찾을 수 없었다. 그래서 사랑하는 사람의 뇌에서 모든 데이터를 발굴하여 기계로 옮기면, 그것이 사랑하는 사람의 대리인이 된다'라고 말한다. 구닥다리인 나로서는 납득할 수 없다. '너는 엉뚱한 곳을 찾고 있는 것 아니냐'고 되묻고 싶을 정도다. 영혼이라는 것은 아마도 그 사람을 소중히 여기는 주변 사람들의 감정 속에 숨어 있는 것이 아닐까? 이것은 과학자 입장에서 보면 그다지 뛰어난 생각이 아닐 수도 있다. 하지만 나는 (소설가로서) 그렇게 대답하고 싶다."(『니혼게이자이신문』 2021년 3월 2일)

바로 "Self-as-We" 그 자체이다. 그것을 일본 태생의 영국인 이시구로 카즈오가 영어로 발신함으로써 전 세계에 공감을 불러일으키고 있다. Self-as-We는 정치-경제적 분단을 넘어 Globals의 새로운 기축이 될 수 있는 사상이라고 할 수 있다.

필자가 '신(新)SDGs'라고 부르는 새로운 일상을 개척하는 데 있어 MM경영, 그 저류에 흐르는 교토, 그리고 일본의 가치관은 최고의 나침반이 될 것이다. 지속가능성, 디지털, 글로벌즈라는 세 가지 세계적인 흐름이 그것이다. 그리고 이 세 가지를 하나로 묶는 것이 '지(志, Purpose)'이다. 지에 바탕을 둔 '지본경영'이 바로 MM 경영의 진수이다. 일본은 글로벌 스탠더드라는 비굴한 환상을 좇아 잃어버린 30년간을 방황했다. 이러한 헤이세의 실패를 되풀이하지 않기 위해서라도 일본의 경영자들은 MM 경영의 본질을 배우고, 차세대 경영모델로 세계를 향해 힘껏 발신하길 바란다.

자본주의의 다음으로 '지본주의'의 시대가 반드시 도래 한다. 이나모리와 나가모리를 계승해 지본경영을 터득한 기업들이 세계를 선도하는 그 날이 올 것을 기대한다.

맺는말

지난 몇 년간 교토에서 보내는 시간이 늘어났다. 교토의 여름은 예년보다 일찍 찾아와 이 땅 특유의 풍물시를 연출하고 있다. 작년과 마찬가지로 외국인 관광객이 적은 것은 조금 아쉽지만, 교토다운 고즈넉한 정취를 만끽하기에는 딱 좋을지도 모르겠다. 선사의 정원을 산책하다 보면 주변도 자신도 아무것도 없는 무의 시간이 찾아온다. 마음 가득 찬 경지이다.

이 책에서는 고도 교토를 본거지로 삼아 내일의 세계를 개척해 온 두 명의 경영자를 소개하고 있다. 이나모리 가즈오(稲盛和夫)는 올해 90세, 나가모리 시게노부(永守重信)는 77세다. 하지만 인생 125세 설이 회자되는 가운데, 두 사람은 교토의 여름밤처럼 뜨거운 에너지를 주위에 발산하고 있다.

이 책에서는 교토, 일본, 그리고 세계를 대표하는 이 두 경영자의 에너지의 실체를 독자적 필터를 통해 편집하여 독자들에게 전달하고자 했다.

필자가 전설의 경영자를 대상으로 정면에서 맞붙어 조사 분석하고 내용을 기술한 것은 이 책이 두 번째이다. 첫 번째 책은 『평전 마쓰시타 고노스케』(1976)이다. 저자는 전 아사히신문 편집위원이자 경제평론가인 나와타로(名和太郎)이며 필자의 선친이다. 당시 대학에 막 입학한 필자는 사전 조사와 원고 작성을 거들었다. 그 경험 덕분에 마쓰시타 고노스케라는 희대의 경영자의 반평생과 경영철학을 배울 수 있었고 그것은 반세기 가까이 지난 지금도 필자에게 소중한 재산이 되었다.

이나모리 가즈오(稲盛和夫)는 필자가 존경해 마지않는 경영자이다. 직접 뵐 기회는 없지만 수많은 책과 DVD를 통해 필자의 스승으로 남아있다. JAL회생과 관련해 책에 실린 이나모리의 다양한 에피소드는 오니시 켄(大西賢) 사장과 승무원 출신으로 객실본부장이었던 오오카와 준코(大川順子) 전 부회장으로부터 들을 수 있었다. 이번에 책을 집필하면서 이나모리 회장의 경영 사상을 새로 깊이 접하게 되었고, 다시 한번 그의 탁월한 통찰력에 압도당했다.

이 책의 또 다른 주인공인 나가모리 시게노부(永守重信)는 함께할 기회가 많았다. 본문에서도 언급했듯이, 나는 2016년부터 Nidec의 글로벌 경영대학의 설립과 운영을 돕고 있으며, 지난 3월부터는 나가모리 이사장이 이끄는 교토 첨단과학대학의 객원교수로도 활동하고 있다.

필자가 10년 가까이 사외이사를 맡고 있는 유니클로의 야나이 다다시(柳井正) 패스트 리테일링 회장 겸 사장과 함께 나가모리는 필자가 가장 존경하는 현역 경영자이다. 언젠가 기회가 된다면『나가모리와 야나기』등의 제목으로 책을 써보고 싶다는 생각을 은근히 하고 있다.

나가모리는 필자에게 있어서 그야말로 '살아있는' 실물 자체의 경영자이다. 경영철학과 리더십의 비범함은 이나모리에 비견된다고 해도 과언이 아니다. 교토 No.1, 일본 No.1, 그리고 세계 No.1을 목표로 정진해 온 두 사람의 궤적이 멋지게 교차하고 있다는 점도 매우 흥미롭다.

언젠가부터 필자는 이들 두 사람이 엮어낸 경영 사상을 테마로 책을 써보고 싶다는 생각이 들었다.

이나모리는 연배로도 필자와는 거의 한세대 가까운 차가 있고, 나가모리도 띠동갑의 대 선배라는 점을 감안하면 다소 무모한 기획이었는지도 모른다. '맺는말'을 쓰고 있는 이 시점에서, 사실 아직 두 분과 이 책의 출판에 대해 상의하지 않았다는 것도 고백하지 않을 수 없다. 사실관계나 발언의 내용 등은 가능한 한 정확성을 기하려고 노력했지만, 만약 틀린 곳이나 오해가 있다면 이는 전적으로 필자가 책임져야 할 부분이다.

교토에서 출발한 글로벌 기업의 창업자라는 점 외에도 두 사람에게는 공통점이 적지 않다. 두 사람 모두 나카무라 덴푸(中村天風)로부터 사상적 영향을 많이 받았다는 점이다. 덴푸는 일반인들에게는 잘 알려져 있지 않지만, 쇼와시대를 대표하는 사상가로 마쓰시타 고노스케를 비롯해 정재계와 스포츠계에도 신봉자가 많다고 앞서 소개한 바 있다. 최근에는 메이저리거로 활약 중인 오타니 쇼헤이도 『운명을 개척하라』(1998)를 읽고 큰 감명을 받았다고 한다.

이나모리가 덴푸의 불교와 선(禪)을 통한 심오한 사상에 영향을 받은 한편, 나가모리는 긍정적 사고방식과 가식없는 솔직하고 강력한 화법을 계승하고 있다. 이들 두사람에게는 덴푸의 가르침이 강력하게 살아 숨쉬고 있으며 이것이 MM경영의 근간을 이루고 있다.

두 회사 모두 블랙기업, 쇼와(昭和)기업이라는 야유를 받기도 한다. '일하는 것의 고귀함'을 설파하고, 열심히 일하는 것을 장려하며, 직원들을 철저하게 엄격하게 지도하기 때문이다.

그러나 우선 블랙이라는 단어를 제멋대로 남용하고 있는 지금의 풍토야말로 퇴장감이라 하겠다. 반사회적이라고 말하고 싶다면, 직원들의 응석을 받아주거나, 성장시켜야 할 이들 직원을 방치해 온 일선 경영자들이야말로 이나모리에게서 비난받아 마땅할 것이다. 또한 나가모리로부터는 "불황을 핑계로 직원을 해고하는 기업이야말로 반사회적 세력이다."라는 말을 듣게 될 것이 뻔하다. 쇼와라는 말은 오히려 칭찬으로 받아들여야 한다. 헤이세 30년 동안 구미식 경영방식을 약삭빠르게 도입해온 일본 기업들은 하나같이 실패를 거듭했기 때문이다. 주주에게 아부하고, 고객에게 아부하고, 직원에게 아부하는 헤이세식 느슨한 경영에 미래는 없다. 이러한 나쁜 흐름에 등을 돌리고 쇼와시대의 승리 패턴을 진화시켜온 MM 경영이야말로 내일을 개척하는 성공 모델이라는 사실은 과거 30년간 양사의 경영실적이 여실히 증명하고 있다.

그럼에도 불구하고 일본 경영자들은 반성도 없이, 외국발 경영방식의 도입에 주저함이 없다. 예를 들어, '양손잡이 경영'이 그것이다. 심화와 탐색은 따로따로 추진해야 한다는 처방전은 미국에서도 이미 실패의 낙인이 찍혀 있다. 이나모리도 나가모리도 한마음 한뜻으로 본업을 깊이 파고들어 심화와 탐색을 동시에 실현해 왔다. 나가모리는 이를 '우물파기 경영'이라고 부른다. 두 사람 모두 니체의 "네 발밑을 파라 거기에 샘이 있다."는 가르침을 흔들림 없이 실천하고 있다.

'다이버시티(다양성)와 인클루젼(포용성)'. 다이버시티 시대! 지나치게 동질적인 일본 기업에 부족한 것은 다양성이라며 우선은 여성과 외국인 직원의 숫자 늘리기에 급급하다. 그러나 이것도 '죽음에 이르는 병'이다.

'포용성', 즉 이질적인 것을 하나로 묶는 구심력! 이것이 없는 기업에게는 미래가 없다. 하지만 이질적 인재를 끌어들여도 정착시키지 못하고 있다. 컨설팅회사 액센츄어는 이를 두고 돌아서 나가버리는 '회전문형 조직'이라고 부른다. 이 회사는 '포용과 다양성'에서 포용이 우선이라고 외친다.

이나모리도 나가모리도 철학이나 경영정신을 조직의 구석구석에 철저하게 새겨 넣는다. 그것이 구심력이 되어 전세계의 이질적 재능을 활용할 수 있다는 사실을 알고 있기 때문이다.

그리고 무엇보다도 ESG와 SDGs이다. 이것들은 모두 당연한 이야기일 뿐이다. 말하자면 그저 공식화된 규정항목이다. 아무리 구호를 외쳐 본들 지속 가능한 성장에도 기업가치 향상에도 이어지지는 않는다.

이나모리도 나가모리도 이 같은 경망스러운 외래어를 사용하지 않는다. 왜냐하면, ESG는 창업 초기부터 본업으로 삼고 있었으며, SDGs 역시 초장기적 시야에서 목표로 삼아왔기 때문이다. 초장기를 내다보면서 동시에 오늘의 경영을 '최고로 신중하게' 임하는 것이다. 이러한 '원근복안 경영'이야말로 MM 경영의 진수이다. 일본 기업들은 이들 두 사람을 본받아 중기계획병이라는 해롭고 무익한 국민질환을 퇴치할 필요가 있다.

필자는 전작 『경영개혁대전』에서 일본 기업을 망가뜨리는 100개의 오해를 폭로한 바 있다. 그리고 그 이면 혹은 그 너머에 숨어있는

100개의 원리를 제창하였다. 필자는 이를 '지본(志本)경영'이라고 이름 붙였다.

이번 책에서는 지본경영을 선도하는 두 경영자에 초점을 맞추어 미래를 개척하는 경영의 실체를 구체적으로 그려내고자 했다. 그런 의미에서 이 책은 전작의 자매편이라고 하겠다. 또한 전작과 마찬가지로 책의 기획 단계부터 니혼게이자이신문 출판본부의 호리구치 유스케 님에게 많은 도움을 받았다. 지면을 빌려 감사의 말씀을 드린다.

코로나 사태를 넘어 이제 새로운 일상으로 크게 방향을 틀어야 할 시기가 왔다. 잃어버린 30년의 잠에서 깨어나 지금이야말로 이나모리와 나가모리를 따라 지본(志本)경영을 실천해 가야 하지 않을까? 지본경영을 차세대 경영모델로 높이 치켜올릴 때 비로소 올바른 미래로 세상을 이끌어 갈 수 있으리라 믿어 의심치 않는다.

역자 후기

이 책은 일본은 대표하는 두 경영자 이나모리 가즈오와 나가모리 시게노부를 통해 본 일본 경제와 기업의 이야기이다. 기업의 경제활동이 그 나라의 정치사회를 반영하고 있다는 점을 고려하면, 이 책은 동시에 일본 기업문화의 해설서일 수도 있을 것이다.

원문에 담긴 저자의 의도를 충실히 반영하고자 번역에 애썼다. 더불어 독자 분들께 읽기 쉽고 흥미로운 책이 되었다면 역자의 입장에서 더 이상 바랄 바 없겠지만, 자화자찬에 이은 독자 여러분의 냉철한 평가를 기대하는 바이다.

원서는 코로나-19 기간 중 출간된 탓에 다소 시차가 존재함을 이해하기 바라며, 책의 내용과 관련된 문의사항은 역자의 이메일로 보내주시면 선별 후 성심을 다해 답변하도록 하겠습니다. 아울러 혹 있을지 모를 오역은 역자의 부족함에 기인함을 밝혀둔다.

이번 역서출간은 K-books 한헌주 대표님의 협력이 있었기에 가능했다. 지면을 빌어 감사의 마음을 전한다.

2024년 여름 고베 자택에서 롯고산을 바라보며

최규호

■ 저자소개

나와 다카시

〈경력〉

히도츠바시 대학 비즈니스 스쿨 국제기업전략전공 객원교수

교토 첨단과학대학 객원교수

도쿄대학 법학부 졸업, 하버드 비즈니스 스쿨 석사(Baker Scholar 수상)

미쓰비시상사(도쿄, 뉴욕)에서 약 10년간 근무.

2010년까지 맥킨지 앤 컴퍼니(McKinsey & Company)의 이사로 약 20년간 컨설팅 업무를 수행. 자동차·제조업 분야 아시아 지역 총괄, 하이테크-통신 분야 일본 지사장을 역임. 일본, 아시아, 미국 등을 무대로 다양한 업계에서 차세대 성장전략, 전사적 구조개혁 등의 프로젝트에 폭넓게 참여.

2010년 6월 히도츠바시대학 대학원 특임교수로 취임. '문제 해결', '이노베이션 전략', '디지털 트랜스포메이션 전략', '기업 거버넌스' 등을 담당. 2014년부터 약 30개 일본 기업의 차세대 리더들이 참여하는 CSV 포럼을 주재. 덴소(2019년 6월까지), 패스트 리테일링, 아지노모토, NEC 캐피털 솔루션, SOMPO 홀딩스(모두 현재) 사외이사를 겸임.

〈주요 저서〉

『학습우위의 경영』(다이아몬드사, 2010),

『'잃어버린 20년의 승자' 100대 기업의 성공법칙』 (PHP 연구소, 2013),

『CSV 경영전략』(동양경제신문사, 2015),

『성장기업의 법칙』(디스커버21, 2016),

『컨설팅을 넘어 문제 해결과 가치 창조의 기법』(디스커버21, 2018)

『기업 변혁의 교과서』(동양경제신문사, 2018년)

『경영 개혁 기업을 망치는 100가지 오해』(일본경제신문사, 2020년)

『퍼포스 경영』(동양경제신문사, 2021년) 등이 있다.

■ 역자소개

최규호

경북 포항 출생

연세대학교 경영학과 졸업

삼성전자와 대우투자자문(DCM)을 거쳐 도일 2007년 고베 상과대학 박사과정 수료(국제경영학 전공)하고 오사카 상과대학(Osaka University of Commerce) 경영학부 재직 중에 있다. 관심분야는 경영전략, 기업가론, 엔터테인먼트 산업 등이며, 역서출간으로는 『일본의 콘텐츠 비즈니스』(한울, 2008)가 있다.

이메일 choi@daishodai.ac.kr